中国名家精品书系□

ZHONG GUO MING JIA JING PIN SHU XI

中国名家精品书系

文心雕石

马益群 张东林 编

吉林出版集团股份有限公司　　全国百佳图书出版单位

图书在版编目（CIP）数据

文心雕石 / 马益群 , 张东林编 . -- 长春 : 吉林出版集团股份有限公司 , 2020.5（2024.3 重印）
ISBN 978-7-5581-8050-7

Ⅰ . ①文… Ⅱ . ①马… ②张… Ⅲ . ①观赏型－石－收藏－中国－通俗读物 Ⅳ . ① G262.3-49

中国版本图书馆 CIP 数据核字 (2019) 第 263323 号

文心雕石
WENXIN DIAOSHI

马益群　张东林　编

出版策划	曹　恒			
执行策划	黄　群 / 付　乐	责任校对	王　宇	
责任编辑	黄　群	装帧设计	贾　昕	

开　本	710mm×1000mm　1/16	出版 / 发行	吉林出版集团股份有限公司
印　张	16	地　址	吉林省长春市福祉大路 5788 号
字　数	120 千字	邮　编	130000
版　次	2020 年 5 月第 1 版	邮　箱	11915286@qq.com
印　次	2024 年 3 月第 2 次印刷	电　话	0431-81629968

三河市同力彩印有限公司　ISBN 978-7-5581-8050-7 定价 69.80 元

序一

奇石·奇书·奇缘——

张东林

《文心雕石》是本与众不同的书。它邀约了70多位作家、记者，以文学的笔触写奇石，既具文学性，又因聚焦奇石而颇具收藏专业性。在我看来，这算得上一本"奇书"。

说它"奇"，主要有两点：一是它跳脱出对奇石表象的关注，将藏在石头中最本真的价值展现出来。多年来，我经常被问到这样的问题：这块石头值钱吗？能入手吗？以后会增值吗？关心的都是石头作为商品的种种。但是，一块石头究竟有怎样的美学意义，其中蕴含着怎样的情趣和理念，又会与自己产生怎样的共鸣与联结，却罕有人在意。而这，恰恰是一块我们珍爱的奇石所能带来的最动人的价值。

因此，身为爱石之人，我们一直希望能有这样一种角度，为所有奇石的关注者剥离肤浅的表层，抵达最本质的情怀。这本书所做的，正是这样的努力和探索。它以文学为基调，有故事的描述，有理论的探索，有艺术的见解，以不同的角度解构人与石之间微妙而深刻的关系。比如，书中《汪老赠宝》一文，是作者对汪曾祺先生一段赠石之缘的追溯与感念；《唤醒积淀回归净土》是通过对赏石文化的解读，引申出对审美的思考；《石品自有相》则是对赏石境界的一种高层次感悟。

可以说，对于"为什么要藏石"这一话题，这本书提供了一种全新的阐述和指引，为藏石、爱石之人开启了一条由"表"走向"里"的认知之路。

另一点"奇"，就是这本书的"跨界"。我们常说"文学艺术"，二者不应分家。但事实上，文学和奇石艺术，一直以来都处于割裂的状态。文学界的人觉得收藏是陌生领域，对于奇石收藏更是如此，因此极少在此处用笔；奇石界的许多藏家，更难有文字佳品呈现。但这本书，以文学之笔、之眼，写奇石之情、之事，巧妙地打破了文学与艺术之间的屏障，极为自然地将二者结合在一起。我想，无论是对奇石界还是文学界来说，这场跨界的合作，都是一次具有标杆意义的创举。

更令人惊喜的是，这些文字高手，不仅仅局限在文学界。除了许多著名作家，我还在作者中看到了艺术评论家、艺术家和鉴定家的身影，其中更不乏资深的记者和编辑。与纯粹的文学家相比，这些来自不同领域的顶尖人士，又以各自的视角和立场，赋予了关于"石"的不同解读。这些不拘一格的文章，拓展了读者的想象空间，令人耳目一新。

这样想来，这本书的"奇"，这种种的意料之外，恰恰又都在情理之中。作为这本书的策划和主编，马益群兄付出了很多心血。他是投身奇石领域多年的藏家，也是《北京日报》副刊部的资深编辑，因此才能够整合文学界与收藏界的双重资源，以个人的力量邀约到如此之多的名家，写下这么多篇饱满深沉的美文，最终形成这样一本沉甸甸的佳作。

我与马兄数十年前因石相识，我懂得他对石头的热爱，更了解他对这个行业的期待与担当。多年来，我们都希望能够做一点事，让奇石行业发展得更理性、更健康。我想，这本书做到了。

这是人与石之间情感联结的见证，更是人与人、人与石之间最为难得的缘分。

是为序。

序二

美与漂亮的差异——

马益群

为这本书写序，一时难住了我。如果谈论近年来中国奇石界的市场风云、轶闻趣事，倒还略知一二。可是，这又不切合此书的主旨。

回想起二十年前第一次去银川，那时的戈壁石收藏刚刚兴起，银川距戈壁石的产地阿拉善左旗，仅有100多公里，所以银川藏石赏石的人颇多。我那次收获了不少老皮、古朴、便宜的戈壁石，但没有买一块葡萄玛瑙。那个时期市场上最受追捧的便是葡萄玛瑙，尤其是颗粒饱满、色彩鲜艳、珠光宝气的品相，更是价格惊人。

表面看，选择戈壁石或者葡萄玛瑙是个人的喜好，其本质还是有很大区别的。这涉及为何收藏以及审美标准的一个大话题。

还是在二十年前，我与一位著名国画家有过一次深谈。他把自己的画作分成两部分：美的和漂亮的。为迎合市场的作品，属于漂亮的，占他作品的多数，易于被大众接受。这类画一般作为礼品、家居摆设或是投资。而满怀激情、耗费心力创作的画则是美的，虽不被多数人认可，但在画家眼里却是不可复制的精品，轻易不肯出售。美的画作是纯粹的收藏家所钟爱并且因此苦苦追寻的，其价值和金钱无关。

我认为，葡萄玛瑙就属于漂亮的一类，张扬、华丽，易于换算出价格的多少，尤其适合作为向人炫耀的高档商品，符合大众的审美情趣。那么，什么样的石头属于美的呢？恐怕这是不容易说清楚的，换个说法，只可意会不可言传。石界有句流行语，人有多深，石有多深。奇石的奥妙在于观赏者的发现与否，一旦人们的价值观、人生观、美学观与奇石所呈现的意象高度吻合，就能使内心得到极大的愉悦和满足。

在我的藏石经历中，最大的苦恼不是找不到好石头，而是缺少分享赏石快乐的知音。更多的时候，我在与石圈外的朋友倾诉赏石感慨时，往往得到相同的回应，这让我意识到，对美的艺术品，人类的感知能力是同等的，与生俱来的。他们也许不清楚石头的成因、年代、质地、价格，但他们知道石头与人类的本质关系是什么，石头所蕴含的美与奥妙是什么，而这些，才是藏石、赏石者的初心。

这些年，我接触了许多奇石爱好者，不论是藏家还是石商，都给予我很大帮助。但收藏到一定规模，便渴望拓宽知识领域，探知奇石世界更多的奥秘，这也是广大石友的心声。于是，便有了出版《文心雕石》的想法。约稿函发出后，陆续收到作家们热情的稿件。在阅读这些文章时，我的心情非常激动。当我们在收藏圈里被灌输了太多围绕着保值升值衍生出的财富神话，一旦接触到作家们袒露情感、真知灼见的赏石美文，犹如清风拂面，啜饮甘露，茅塞顿开。

《文心雕石》是一部由作家、艺术家、评论家集体跨界谈论奇石的书籍，既有文学性，又有艺术性，甚至涉及哲学、历史、宗教、民俗、科技等，是一部"务虚"的书籍。这就对了!因为现在人们能接触到的与奇石有关的书刊多是"务实"的,是针对奇石爱好者的科普需求,或是带有某种商业目的。当中国艺术品市场在近三十年由兴起、发展达至顶峰,奇石——这一独具特色的收藏门类,却一直被边缘化,得不到收藏界、艺术界、文化界的广泛关注。我认为,问题的关键是缺少文化人的积极参与。务实可以解决收藏起步阶段的具体问题,但收藏到一定规模,奇石爱好者和收藏家就会提出更高的要求,不仅想知道石头从哪里来,能卖多少钱,还会追问往哪里去,能给心灵提供多少慰藉。

《文心雕石》汇集了71篇与石头有关的精彩文章,其中不乏优美的抒情散文、深刻的艺术评论,也有严谨的历史综述,每篇文章都配有奇石图片。在茫茫书海中,这本书无疑是一朵奇葩,作者在石头这一大自然的造物面前都能倾诉最真实的内心情感,阐述最真实的艺术见解。

"石头的审美价值是在唤醒与深思中获得的,石头的潜能唤醒你的积淀,你的深思使石头的审美价值得以实现。在深思之中获得内心与外界的和谐,使主体向人格上的完美发展,应该是石头带给人精神层面最大的好处。"

在此衷心感谢热情支持《文心雕石》的作家、记者朋友们。

目 录

石头与二维码——

初晓玲

初晓玲

曾任《北京日报》副总编，资深媒体人。曾主持创办《理论信息报》、《29届奥林匹克运动会官方会刊》、北京日报《文艺周刊》；曾任《国家大剧院》主编；曾参加电视专题片《再度辉煌》《大潮动》撰稿；出版报告文学集《丽人行》。现为中国报纸副刊研究会副会长兼秘书长。

朋友藏石，其中一块内蒙古戈壁石，乌黑的顶端一抹玫红，名为"遥远的虹"，让人望而生喜。友曰：此石形成于一亿年前，特点是两种颜色两种石质共生。我不懂石，反复端详，闻言却颇有感慨。

我不藏石，却也有两块石头：一是20年前，好友去新疆罗布泊无人区带回两块果实的化石，爱不释手。极少强人所难的我，竟硬着头皮讨要一块，朋友略有难色地说，这屋里各种收藏和艺术品随便拿，这石头……我满脸通红地低下头，谁承想临走时他又允我：拿去吧。另一块是十几年前我去希腊的德尔菲，参加国际戏剧节。闲隙，到爱琴海边游览，盛夏的爱琴海水呈现一种晶莹剔透的颜色，清澈中泛着灿灿的金色。我坐在海边发呆，手无意扒拉着沙子，一块小石头露出：鸡蛋大小，却有着纵横的沟壑，少年老成，那么沉实。我用海水冲洗干净，用手绢包好带回北京。

这两块石头，我分别安置在菱形小玻璃罩里，先是放置在客厅，后移置书房。对于我，并不知这两块石头有什么价值，只是每当凝视它们时，就觉得它们隐藏着无尽的秘密。

这些年，身边的朋友有着各种收藏雅好，我却又对一种似乎隐藏着无尽秘密的东西有了关注，它就是二维码。这个多行、可变长、长得像马赛克的小标识，怎么就能存储大量数据呢？尤其是每当我去扫一个人的二维码时，又在琢磨，他（她）的二维码为什么是这样？有时我还会拿几个朋友的二维码比对，区别在哪？

内蒙古戈壁石

如今，二维码作为移动互联网的入口，似乎一夜间渗透到我们生活的方方面面，从来没有一个东西如此地被交互和分享。想想，真够神奇的，古时还要背着沉重的金银、纸币，如今不用带钱了，方便快捷得只是一瞬。

石头和二维码完全没有关系，但对于我都是神奇的。奇石历史非常久远，被人收藏的各种奇石，或许经历了几千年或许上亿年的冲刷、碰撞、翻滚，才成为大自然的杰作，奇特、美好、稀少。二维码是20世纪90年代由日本人腾弘原发明，2011年中国人徐蔚发明了"二维码扫一扫"，至今不足30年，却成为人类社会的科技进步的奇迹，已成为当今社会无法忽视的存在，甚至被称为"新四大发明"之一。

大千世界，无论人或物，生命偶然，生命的长短和姿态不尽相同。内蒙古的戈壁石，爱琴海边的海石，罗布泊的果化石，历经千年万年，淡定从容，笑看花开，静赏日落，始终妙不可言地等待，无论哪种未来，相信大自然有最好的安排；二维码迫不及待地拥抱人类社会，不但改变着人的生活方式，还改变了我们与世界交流的方式，更引领着一场涉及科技、商务的全球变革风潮，速度之快，一切都在瞬息，使一部分有本领的人也感到恐慌。

有生之年，目睹、感受了大自然和现代科技的神奇，生命偶然，幸运相遇。

感恩……

茶石缘
——

侯军

侯军

资深报人，散文作家，艺术评论家及茶文化专家。现任中国报纸副刊研究会副会长兼《中国副刊》总编辑，深圳新闻学会副会长兼港澳驻深记者协会会长，曾任深圳报业集团副总编辑。著有艺术评论集《东方既白》《文化目光:点线面》，散文集《青鸟赋》《收藏记忆》，茶文化随笔集《品茶悟道》等二十多部专著。

人在草木中，构成一个"茶"字。陆羽《茶经》说茶是"南方之嘉木"，这个定义是确凿无疑的。那么，这个草木之属的茶，又如何与石结缘呢？看了这个标题，无论茶友还是石友，都不免会产生一丝疑问。

我研究茶文化已经近三十年了，似乎从没发现茶与石有过什么结缘的记载。依稀记得以"洁癖"闻名于史的元代大画家倪云林，曾经发明过一种茶是以石命名的，叫作"清泉白石茶"。这是有据可查的标定茶石结缘的重要"证据"。急忙去查找记录这一雅事的《云林遗事》，却发现这只不过是云林先生开的一个玩笑——他所亲制的"清泉白石茶"，原来是将核桃、松子碾碎，与真粉调和成小丸，置诸茶底，看着像是一粒粒小白石子，如此而已。

荡开这些文人的雅谑，在现实生活中留下真实存在的茶石之缘，我想或许只有沿用至今的用来捣茶的茶臼，算是茶与石头最直接的"亲密接触"了。早些年间，我在西南地区访茶，多次看到当地人（有不少是少数民族）制作擂茶，将茶叶与花生、芝麻、生姜等和盐一起，放进石臼中捣碎，再以开水冲煮，这就是擂茶了。这种茶俗非常古老，可以追溯到陆羽《茶经》之前。茶臼是石质的，前面冠以茶字，可见，它们所结成的茶石之缘至少也有千年历史了。

然而，这些拐弯抹角的论证，却在一块今人慧眼收藏的"奇石"面前，一下子变得简单明了，就像陆羽说茶是南方嘉木一样，确凿无疑——这就是摆在面前的这块茶石。无须论证，无须言说，早在亿万年前的某一次地壳运动中，就已铸就了这段奇缘。追溯一下它的前世今生，它或许曾深埋于地下，或许曾淹沦于江河，或许曾淤积在泥淖，或许曾委身在乱石，总之，不知何种偶然的机遇使它得见天日。而更偶然的是，让它得见天日的地点是在中国，而其所遇之人又认识汉字……

想一想真是无比奇妙。假设这块石头出土于其他地域、其他语言环境之中，它只能是一块无人在意的寻常石块。而它却偏偏选中了地球上茶叶的故土，顿时让这个"茶"字变身为稀世之宝，变身为亘古罕见的"茶石结缘"的铁证，这难道不是这块茶石的天大的幸运吗？

细细观赏这块"茶石"，你会感到大自然造物的神奇莫测鬼斧神工——单就文字而言，这个茶字笔画清晰，可辨性极强；再就结体而言，其草字头有古篆书的遗韵，而下面的木字则酷似汉简的笔意；这种形在篆隶之间的风格，即使拿给当今的书法家审看，也会拍案叫绝。而它，只是一块石头，毫无人为的雕凿之痕，亦无藏家的刻意装饰，一派天然造就。可以断定，这个茶字是在仓颉造字之前，就已经"预先"熔铸在这块石头的纹理之中了……

人常说，天下因缘天注定。我不知道在人世间这个说法是不是百灵百验，但是我觉得，在这块石头上面所凝结的"茶石之缘"，确实是"天注定"的，这一点，确凿无疑。

广西大化石

戈壁滩上的温情邂逅——

李红艳

八月，新疆大地，干燥炙热。

沿着阿勒泰富蕴县G216国道行进，断断续续总能看到一排排简陋的石头摊儿，在尘土飞扬中独成景象。路过其中一处，先生将车停下，欲往探究，他虽非藏家，但平日素喜观石，乐享雅趣。

我是"石盲"，难用专业描述来讲述那些大小不一、形态各异、材质迥异的石头，更无甚兴趣从中挑选一二。在先生细细挑石把玩的过程中，百无聊赖的我拿起手机开始拍照，拍茫茫戈壁，拍摊位后方那星星点点的毡房……

摊主是一位中年女人，体态微胖，脸盘圆圆，皮肤黑红，身穿白底红花上衣，头裹白色纱巾。这位母亲带着三个孩子，两女一儿。目测，大女儿十五六岁，小女儿八九岁，儿子

李红艳

北京日报高级记者，北京作家协会会员。2005年进入北京日报文化部工作，长期专注于文化领域的报道、评论。

内蒙古戈壁石

十三四岁。3个孩子特别爱笑，只要看向他们，得到的回应便是灿烂的笑脸，洁白而整齐的牙齿那样显眼。

情不自禁地，我将手机镜头转而对准了他们。男孩儿羞涩，很快跑开了，边跑边回头看我。大女儿也腼腆，双手捂住了脸，但其实笑靥如花。小女儿最是活泼开朗，她一会儿跑到姐姐坐的椅子后边，边笑边盯着镜头，还伸出双手比划"V"；一会儿又躲到妈妈身后，探出身子，歪着头看我，妈妈则回头看了女儿一眼，也咧嘴笑起来。

　　3个孩子皮肤黑黑，双眸澄澈，身上衣服有些破旧，鞋上满是路边尘土。不过，在我这个从城市霓虹里走来的路人眼中，他们却是那样可爱，那样闪亮，那样美好……

　　就在那一瞬，我突然想到了戈壁之石。3个孩子，就像小小戈壁石，看似粗粝暗淡，却是经受了环境与时光的磨洗，由内而外的质朴、纯实、无邪，与城市里的孩子实有不同。小小戈壁石，装点了荒漠大地，而这3个孩子又何尝不是装点了父母日复一日庸常的生活，也驱赶了苍茫时空里的荒凉与寂寞？！

　　有了这些自行脑补的"剧情"，再看摊位上那些形形色色的石头，竟然觉得它们多了一些生命的灵性，转而变得生动鲜活起来。很多人认为，赏石宜持淡定仁厚之心，忌"官气、商气、俗气"，以前觉得这样的理论有些悬，而此刻突然觉得自己好似抓到了个中一点点精髓，心中甚悦。

　　临走前，先生买了这家摊位的一块玛瑙，还在另一家买了一块象形石——墨绿色，形似一只跃跃欲跳的小青蛙。回京后，经专家品鉴，此石为人工打磨。先生于是心生几许郁闷和不平，不过于我而言，此番过程并无遗憾，反而美好，就连卖石头给先生的那个摊主，我也不觉得可憎了，甚至有"内心住着一团祥云"之感。

　　据说，收藏的最高境界是"过我眼，即我有"，懂得欣赏他人所藏又毫无贪占嫉恨之念。而在我这个圈外人看来，"有"之范畴似可更广。我不懂精藏雅赏，更觉得和以石寄情、以石感怀相去甚远，不过，这一份因石而生的"路缘"便是我之"有"。

　　那个夏天，那次不期而遇，淡淡的、浅浅的，却一直萦绕心头。随缘顺性，不争不胜，无情是有情；随缘入世，因风出世，无情亦有情。

　　感恩遇见！

戈壁『头盔』

—— 乔林生

乔林生

《解放军报》原时事部、文化部主任，大校军衔。采写的特写、报告文学六次获中国新闻奖，并获中国人民解放军摄影艺术奖等30多个奖项。1999年加入中国作家协会。出版有纪实文学作品集《军旅人生》《肩上有山》；新闻作品集《真实地记录历史》等；长篇报告文学《'98中国大抗洪》（合作）获全军抗洪抢险题材优秀作品奖，诗歌《梦里荷塘》获首届广东省"梦里水乡杯·花地文学奖"征文大赛一等奖，歌曲《我的雪山我的哨卡》获《"唱响中国"歌曲征集评选》优秀作品奖。《记温桂琴》《生者与死者》收入人民出版社出版的高中语文教材。

是一位士兵的头盔吗？抑或是一位将领的头盔。他们肯定是从蒙古草原来，肯定是成吉思汗、嘎达梅林那样血性的汉子。

只瞅一眼，感觉有一股风，只有彪悍民族在马背上挟带的旷野的风，掠过我的皮肤，掠过我的心灵。

藏石的人都知道，石头是有生命的。他们在对自己供奉的每一块石头的顶礼膜拜中，感知着沧海桑田的生息变迁，感知着自己的前世今生。

而我在这块形似头盔的石头面前，似乎也触摸到了生命的筋络，触摸到了光阴的流逝。

据说这种来自内蒙古的戈壁石形成在一亿年之前，我不这么认为。因为一亿年太久远了，久远得我们无法计算，无法考证，也无法做出正确的结论。

那就姑且从有文字记载的历史说起吧。

内蒙古戈壁石

族群之间相互残杀。头盔是战争的产物。一群人为了征服另一群人，占有大片的土地、财富，占有能够为他们带来精神和肉体享受的异性同类甚至同性同类。

人之头颅，如军之灵魂，党之中央，高高在上，不可侵犯。于是乎，至少3600多年前，保护头颅免遭在战斗中受到伤害的头盔出现了。

中国古代将士所戴之头盔称为兜鍪，又叫鞮鍪或者胄，制作材质有青铜、铁、钢，实际出现的年代已不可考。

中国已出土的最早的头盔实物，考证为商代所制，全部由青铜浇铸而成。一件出土于元朝忽必烈时期征战南宋的将军级别的皮质作战头盔，说明金属材质头盔延续了将近3000年后，才有制革工艺的兴起和成熟，也说明随着人类物质文明的推进，领军人物不愿意再戴着笨重的头盔厮杀于疆场了。

若将江西新干大洋洲青铜盔、殷王廪辛墓青铜盔和殷墟出土的另一顶青铜盔放在一起，我们可以发现三顶不同年代的头盔在款式上非常相近。而眼前的这尊戈壁"头盔"，竟然与它们如此形似，神似，比真实的头盔更生动，更有质感，更充满力量。

我想象着这只头盔，在一千多年前，或两千多年前，一定经历过淬火锻造，一定抵挡过刀刃剑戟，一定见识过杀戮死亡，否则它不会给人那样一种色泽砥砺，那样一种棱角打磨，像一个饱经风霜的老人，默默无言，一声不吭，却又似乎在向世界倾诉他所知道的一切。

岁月更迭，天地轮回。

孤独的石头

冯新平

冯新平

大学教师，文学硕士。

　　北方冬日的阳光透过窗户照射在眼前这枚椭圆形的广西大湾石上，粗线条的立体纹理摸上去如浮雕般稍稍有些凹凸不平，通体灰白的色调中淡弱的青绿似有若无，看久了竟有一种洪荒寂寥的感觉。那是世界最初与最后的景象，人类存在之前与消失之后的景象。还好，那个人物剪影带来些许人间烟火的气息。宽大的黑袍长及至地，浑厚的身躯岿然挺立，目视前方，双臂收拢，如达摩面壁，似老僧入定，慈悲而峻烈，威严而蔼然。整个画面的意境犹如黄公望的雪山，抑或倪瓒的疏林，寥寥数笔的极简与抽象中，有寒江独钓的孤傲，也有野渡无人的孤独。

　　如此高古深远的韵味仿若聆听一首古琴曲，而且还得是管平湖先生的《平沙落雁》。琴声响起，有如鸿蒙开辟，万物在一片幽深中显现，灵魂脱离沉重的肉身，无名而广大，萦绕在宇宙的边缘，又真切而幽渺，徘徊在意识的深处。其情态表现在嵇康的诗中则是："目送归鸿，手挥五弦。俯仰自得，游心太玄。"而其心境又蕴含在陈子昂的那一

声感慨中："前不见古人，后不见来者；念天地之悠悠，独怆然而涕下。"与寂静同在的古琴曲，其若有若无的气息和断断续续的声响，一如水墨画的留白，仿佛漫不经心，有时几无旋律，却因为空，而无限，而深邃，而辽远，而丰富。世上或许没有别的乐器像古琴一样，能连接人与自然，瞬间便把我们带回世界的本源，一如那颗水石中，一个孤独的人面对一座寂寥的山。女儿小时候曾学习过古琴，不通音律的我，有时随意拨响一音，虽不成曲调，却也令人肃然而生远意，即便在狭小的家里，也有天地悠悠的感觉，在喧嚣的红尘中，也可以聆听万物之幽情。

或许是古琴肃穆而幽微的音色难以进入小孩子的心里，也或许是古琴散淡舒缓的旋律不适合女儿好动的天性，学了一段时间就难以为继，遂改练拉丁舞，一学就是五年，还拿过不少奖杯。有太古之音的古琴很少有欢快亮丽的旋律与节奏，它更适宜于体现或中正平和，或清明淡远，或幽怀哀伤，或沉郁悲悯的心绪。1987年版的电视连续剧《红楼梦》片头结束时，大荒山无稽崖在云海间沉浮，随着古琴当头棒喝一般的一声沉响，声音散入太虚幻境，之前的种种爱恨离愁，繁华热闹，贪嗔痴颠全都收进琴声中，落了个白茫茫一片真干净。唯有顽石被弃之地——青埂峰（情根峰）矗立在那里。它意味着在荒唐无稽的世界中，唯有情的位置被保留下来。

古琴的音色，苍茫中有一丝清丽，晦暗中带一点亮色，幽暗的色调中浮现出宇宙般深远广袤的背景，最是适合给从《山海经》神话起笔的《红楼梦》配曲。在深沉古老、苍劲悠远的声响中，茫茫大士、渺渺真人、空空道人这一类虚无缥缈的人物就有了质感，一如水石中的黑袍人那样可触可见。他的前面是我们看得见的大荒山，他的背后是需要我们想象的大观园。大观园的大观来自大荒山的大荒，因为在荒唐无稽的历史中，唯有青埂峰的儿女之情，才有可观的价值，而大荒山的大荒是大观园蔚为大观的归宿，正所谓：因空见色，由色传情，传情入色，自色悟空。经历过这样一番梦幻之后，人终于得以直面自己的灵魂。

广西红水河从远古流淌而来，孕育了这颗亿万年的精灵，恰如女娲炼石补天遗留下来的那颗顽石。将这个时空的结晶当成一个梦幻性的寓言，就是曹雪芹写的《红楼梦》；将它当成一个写实性的故事，就是一部关于贾宝玉的《情僧录》；将它当成一颗石头的故事，那就是叙述者叙述的一部《石头记》。顽石以通灵的方式连接贾宝玉和曹雪芹，顽石叙述了贾宝玉悲金悼玉的故事，这个故事于曹雪芹而言是红楼一梦，而曹雪芹又讲述了那个变成顽石或贾宝玉的自己的故事。由于灵魂的相通，叙述者和叙述对象在各自展开的同时又能够彼此相关、互相替换。天尽头的顽石有宇宙洪荒的孤独，贾宝玉有古今第一情种的孤独，写下他们的曹雪芹当然也很孤独："满纸荒唐言，一把辛酸泪。都云作者痴，谁解其中味。"这样的孤独遥指有宋天下的另一个情种柳永："便纵有千种风情，更与何人说？"

故乡石——

周晓华

周晓华

编剧，人物记者，小说随笔评论散见报刊，写有百余篇人物访谈。

喜欢土里来火里去，任烈焰煅烧却不改质朴的东西，像陶。喜欢风里来雨里去，由时光雕刻却不忘初心的东西，像石。所以，几乎在看见这块石头的第一眼就爱上它，那是一块似陶的石。也不仅仅因为爱陶，也不仅仅因为爱石，还因为它来的地方，叫作戈壁。

生长在新疆，戈壁荒滩是许多记忆的背景。因为春风不度，江南莺飞草长的三月，戈壁滩上茫茫一片，开的是别有根芽的雪花；因为边地苦寒，长安桂花香彻的八月，戈壁滩苍黄连天，随风满地乱走的是大如斗的碎石。荒凉和孤独从戈壁蔓延出来，让青春充满了无聊苦闷，总想逃离，总觉得现代文明的大都市才有我的梦。

我对它最后的记忆，是在离开它到外面世界的夜班车上。

内蒙古戈壁石

　　汽车，夜里在山间爬行。忽然一转弯，一轮又大又圆的月亮，把她的脸贴在了车窗前，那么皎洁明媚慈怜的，她的光，照着静默的群山，照着群山环抱着的静默的戈壁滩，照着戈壁滩上静默的蒙古包，照着蒙古包前剪影般的马儿，照着马饮着的静默的溪水，照着我被深深震撼、无法静默的心……它像一枚印章一样，把这样的图景盖在我的记忆里，在我心心念念逃离家乡的路途中。

　　眼前的这块石头，也许曾是山的一块。山洪把它剥离母体，带着它一路狂奔，直到水的力量弱下去，它停下来，在戈壁滩大大小小的石头中安身。

　　日晒雨淋，冰雪在它身上覆盖又化开，它碎裂成几块。时间剥蚀了它的棱角，雕去它沙质的部分。它沉默着，看春夏秋冬季节更替；看转场的骆驼、马和羊群走过又走回；看山洪肆虐带来新的伙伴；看雄鹰的翅膀在头顶掠过；看圣甲虫在牛粪上的欢宴。那些牧过风沙、牧过岁月的旅人唱着忧伤的歌：鹰飞得再高也有它的家，骆驼走得再远也有它的家，我的家在哪里，也许有一天倒下，倒下的地方就是我的家……它把这歌留在心里，留在粗糙的外表下，柔软忧伤的心里。

"瞧呀，这块石头像不像一个古陶罐！"有一天，它被人从戈壁滩的群石中发现，一路来到都市，陈列在玻璃柜中。"真是大自然的鬼斧神工！"看见的人赞叹它的美丽。

它的家在哪里？也许和我记忆中毫无关系。

我的家在哪里？也许和它的故事全不相关。

可我看着它，就看见深蓝天空上闪烁满天繁星，看见戈壁滩上穿过绵软的羊群；看见马头琴对着月亮，看见冬不拉乐音飞驰；看见忽如一夜春风来，千树万树梨花开的魔法，大地变成一张干净的白纸，可以书写所有的思念。

我们的家在哪里？我听见它微笑低语：故乡。

唤醒积淀 回归净土

—— 桑世志

桑世志

从事教师职业三十多年，北京联合大学文理学院新闻系退休教师。

我容易浮躁，所以在物欲纷繁的世界总想寻找一块净土来安抚灵魂。当看到朋友收藏的这块大湾石我便沉静下来。

这块大湾石让我看见1300年前少年得志，以"诗佛"著称又颇精禅理的王维，踏着坎坷的命运，却"兴来每独往"，溯水而上，"行到水穷处"，欣然坐看天边云卷云舒，他那忘却一切、专注云长云消的坐姿都散发出禅的味道。

我又看见1200多年前革新失败被一贬再贬的柳宗元，在漫天飘雪的日子头戴斗笠身披蓑衣，来到"鸟飞绝""人踪灭"的山中水边，垂竿稳坐孤舟"独钓寒江雪"。独钓于漫天雪花中的他虽显孤寂，却欣然地承受着冰雪的侵袭。

广西大湾石

　　面对这块带来神奇遐想的大湾石，我沉思许久。这是我第一次听说大湾石，后来才知道，广西境内红水河流经的县市都出产奇石，因为首先在大湾乡河段被藏石爱好者发现和采集，所以大湾石便成了它们的统称。从赏石藏石的角度说，大湾石可分为图纹、色质、形态、怪异四大类，最富想象的是图纹类大湾石，而且抽象者居多，我看到的这块巴掌大小的石头就属于这一类。

　　应当说，以石为对象的审美在中国审美文化门类当中历史最为悠久，可以追溯到原始人类的劳动实践。制作和使用工具被公认是人类文明发展的重要标志，而这一标志的媒介物就是石头。因此，石头在原始人那里就打上了审美的印记。距今大约十万年，山西许家窑遗址发掘出的大量石器中有一千多枚石球，这些石球是狩猎投掷用的武器，这种圆的造型恰恰体现出原始人类一种实用性和创造性的追求。狩猎一旦成功，也就是说在使用中获得了喜悦，那么这种石球便具备了审美要素。

到山顶洞人已经开始有了自觉的审美追求，因为他们已经懂得区分工具与装饰品。在他们的装饰品中，除兽牙和贝壳以外还有磨制的石珠。从那时起，以石为对象的审美意识就始终在人类社会进化中不断发展完善直至形成独立的赏石文化。

中国的赏石文化有自己独特的文化基因，那就是中国人对事物的体悟精神，这也是中国美学的基本特征。在审美过程中经常会出现一个字，"味"，诸如"玩味""体味""寻味""回味""韵味"等等。这个"味"，只能靠审美主体的感悟方能体会其奥妙，或者说只能靠审美主体的感悟方能获得美的享受，因为美的价值不是客体直接具有的，是主体内在积淀的对象化。当主体内心的积淀找到抒发的对象，这个客体原有的潜能就获得了转化为审美价值的机会，也可以理解为客体原有的潜能唤醒了主体内在文化与艺术的积淀，从而使主体沉浸在美的享受之中。

都说玉能养人，何者为玉？石之美者，归根结底还是石能养人。所谓养人是指对人有好处。从原始人到现在，无论实用价值还是审美价值，石头一直为人类做着贡献。不说2000多年的南京石头城，不说海拔3000多米的新疆石头城，也不说那些巍峨的宫殿和庄严的庙宇，就连普通的房舍道路又何曾离开过石头的踪影。

我曾经去过黄河西岸山巅上的吴堡石城，那是一座几乎被人遗忘的石城。尚未考证石城究竟建于何时，但是史料记载：公元976年北宋将领李克睿曾率兵攻破此城，那时被称为"吴堡寨"，据此可以推断吴堡距今至少有1000多年的历史。走进石城犹如走进石头的世界，城门、城墙、房屋全部由石头搭建而成，如今虽然断壁残垣，野草丛生，荒芜凄凉，但是你仍能感受到不屈的石头顽强屹立在山巅上俯瞰黄河的坚毅气势。

石头的审美价值是在唤醒与深思中获得的，石头的潜能唤醒你的积淀，你的深思使石头的审美价值得以实现。在深思之中获得内心与外界的和谐，使主体向人格上的完美发展，应该是石头带给人精神层面最大的好处。听起来似乎有点玄，其实并不玄，因为物欲横流的社会导致的人格解体、心理失衡的现象屡见不鲜。从这个意义上说，不仅是石头，凡是能产生美好情感的东西都有这种作用。由此，我想起达尔文曾经感叹诗歌艺术对人的重要作用。达尔文年轻时候喜欢读雪莱等人的诗，后来不读了，但是他明显感到内心出了问题，他说：我真不明白，为什么对艺术爱好的丧失会引起心灵的另一部分能力——能够产生更高级的意识形态的那一部分能力的衰退……事实上失去这种趣味和能力就意味着失去了幸福，而且还会进一步损害理智，甚至可能会因为本性中情感成分的退化而危及道德心。这显然是达尔文以自己的体会指出了这种精神偏枯病的危害，患上此病人格岂能完美！所以，一块顽石在精神层面对人的滋养并非无稽之谈。

看着这块石头，我不能不对藏石人肃然起敬。藏石人更懂得深邃的含义，因为深远便不容易被眼前利益所迷惑，因为深沉便避免了心存浮躁的困扰，因为深厚的积淀使他们能与石头产生共鸣从而诞生出审美价值。在藏石人的眼里，每一块石头都承载着遥远的记忆，每一块石头都有它的前世今生，而且每一块石头都通向未知的未来。与石头相比，我们都很短暂，然而若与藏石人相比，我觉得我就浅显多了。

物欲横流中我也力图追求深邃的境界，我也期盼能寻找一块净土来安顿浮躁的灵魂，无意之中这块大湾石使我豁然开朗。

王阳明先生《传习录》有一段颇耐寻味的话引在这里很恰当：先生游南镇，一友指岩中花树问曰："天下无心外之物，如此花树，在深山中自开自落，于我心亦何相关？"先生曰："你未看此花时，此花与汝心同归于寂，你来看此花时，则此花颜色一时明白起来，便知此花不在你的心外。"

应当感谢朋友给我欣赏的这块大湾石，它不仅让我沉静地联想了许多，更重要的是唤醒了我，使我意识到，在物欲横流的社会里努力寻找的净土其实就在自己心中。

『腊肉』的痛觉——

孙炜

蓦然看见这块冷冰冰的戈壁石《腊肉》，浑身一激灵，酸倒了所有的牙齿，似有道极地寒光，唰地击中了俺的心脏。

疼！

俺的脑海里，顿时浮现出数十年前的那一幕……

在俺们胶东老家的村东头，长着一棵百年老槐树。粗壮的树枝上悬挂了一小段铁轨，那是俺们村子里唯一的"钟"。据说，游击队当年扒了日本人修筑的铁路，作为战利品的铁轨，被锯成一小段一小段，分赠给各村作为"钟"使用。多年之后，较为富裕的邻村早已用上了真正的铜铸大钟，俺们那个偏僻的小村却因为太穷，还在使用这件"文物"。

每天早上六点，妇女主任就拎着小铁锤来敲"钟"。钟声

孙炜

毕业于人民大学新闻系。长期从事艺术与历史研究，主要著作有《清风见兰——郭秀仪的艺术生涯》《风流石癖·陆质雅传》《拍卖场》《民国书画断代史》《黄琪翔将军传》。

内蒙古戈壁石

一响，男女老少，聚集树下，等待派工。那时的村子也叫生产小队。小队长大叔是位复转军人，身上披了件洗得发白的旧军装，抽着旱烟，像一尊雕塑那样站在树下。

听到了钟声，犹如部队听到了冲锋号，我家的五位叔叔一骨碌爬起床，囫囵扒口饭，或是抓个煮熟的玉米棒子，急匆匆要出门去。小队长大叔是个急脾气，谁要是迟到了非要被他狠狠地收拾一顿，熊人不讲情面，所以大家都挺惧怕他。

就在这个时候，俺奶奶总是站在门口，焦急地望着那些已经长了胡髭的娃们，手里还拿着一块黑黑的腊肉皮。

奶奶为什么天天要焦急地望着她的儿子们呢？这里有个背景，俺须交代一下。

俺奶奶生育了六个孩子，全是男孩。老大就是我父亲，很小的时候就跟着部队当兵去了，剩下的五个儿子都在村里务农，挣工分吃饭，结果到了成亲的年龄，一个也没娶上媳妇。原因极简单：人家一打听，这家男孩子太多，家里太穷，索不到什么彩礼。

奶奶穷极生智，想出了一个法子。她不知从哪里弄来了一块腊肉皮，让孩子们出门时往嘴上擦一擦。那腊肉皮上多油渍，往嘴上一抹，干涸的嘴唇瞬间便油光锃亮，特别抢眼。奶奶还给孩子们定下规矩：如果人家问，你们家早上吃了什么，须异口同声回答，吃的是肉！

那年头，甭管是什么肉，均是稀罕物。天天能吃上肉的家庭，还能受穷吗？不能！

果然，俺的这五位叔叔陆续都娶到了老婆……

俺听到这个故事的时候，奶奶已经驾鹤西去，是五婶告诉俺的。五婶说自己就是这样被"骗"进老孙家的。去问其他的叔叔，他们都咧着嘴憨厚地笑，不答。只有二叔某次喝高了酒，对俺说："真的有这回事。俺娘生了这群穷娃，可愁死了。"说着说着，泪水淌过了二叔满脸的皱褶。此时的二叔，已是两个娃的爹，已知天下父母心。

在旁人看来，这件赏石"腊肉"系难得的收藏品，可悦目，可怡情，显示出大自然的鬼斧神工，当然是居家闲暇时的赏心之物，专家自可讲得头头是道。但对于俺来说，它堪称是传家宝，可用于家世教育。这使俺认识到：对于个人而言，贫穷没有尊严；对于人类而言，消灭贫穷才仅仅是进入文明社会的第一步。

老子出关遐想

雷健

雷健

毕业于四川大学哲学系。四川日报原编务总监，高级编辑，四川大学文学与新闻学院兼职教授，硕士生导师。四川省有突出贡献优秀专家。中国报纸副刊研究会副会长，四川省报纸副刊研究会会长。

这方长江石让我立即想起了中国文化史上最令人神往、可以遐想无限的传奇故事：老子出关。

老子一生都是传奇。一部《道德经》流传千年是传奇，出函谷关是传奇，就连他的出生也是传奇。传说老子的母亲夜里看见天上流星而怀孕。母亲怀孕72年才剖开左腋生下他。老子一出生就是白发苍苍，活像个老人，所以才叫老子。其实他姓李，名耳，字聃，楚国苦县（今河南鹿邑东）人。司马迁《史记·老子韩非列传》记述老子只有四百多字，简略之极。老子的身世扑溯迷离，只知道他曾做过周守藏室史（相当于国家图书馆馆长），《史记》上说他活了160岁，或说200岁，"以其修道而养寿也"。后人考证认为老子约生于公元前571年，卒于公元前471年。当年孔子适周，曾问礼于老子，一番请教谈话后，孔子出来对弟子们说："鸟，吾知其能飞；鱼，吾知其能游；兽，吾知其能走。走者可以为罔，游者可以为纶，飞者可

长江石

以为赠。至于龙吾不能知，其乘风云而上天。吾今日见老子，其犹龙邪！"认为老子的学问深不可测，对他推崇备至。

老子出关，《史记》如是记载："老子修道德，其学以自隐无名为务。居周久之，见周之衰，乃遂去。至关，关令尹喜曰：'子将隐矣，强为我著书。'于是老子乃著书上下篇，言道德之意五千余言而去，莫知其所终。"这大概就是老子出关留下千古名篇的最早记载。

历史上被称为老子的不只李聃，还有老莱子和太史儋也称老子，就连司马迁也没搞清楚。至于《道德经》，后人考证认为不是生活在春秋末年的老子所写，而是成书于战国中期，其中有很多是老子的遗言。1973年在长沙马王堆汉墓出土的帛书《老子》颠覆了通行千年的《老子》内容，最重要的是这篇《老子》是德经在前，道经在后。

不过，这并不影响老子出关留下千年名篇的美好传奇。两千多年来，对老子出关的猜想从来就没有中断。

《史记》的记述太过简略，为后人发挥想象留以极大空间。于是就有这样一些故事流传。

函谷关令尹喜这一天从朝霞中看到了祥瑞，正是日出东方，紫气东来。于是命人洒扫边关40里官道，静候高人到来。黄昏时分，骑着青牛的老子飘然而至。尹喜向老子索要出关文书，一心想做隐士的老子哪里拿得出这劳什子文书。尹喜说，您老要出关也可以，总得留下点东西……这样吧，留下篇文章可好？老子于是用几天时间（一说用了一晚）写了上篇讲道、下篇言德的文章留给尹喜，之后飘然出关。

更离奇的故事：有一个名叫徐甲的人，少年受雇于老子做仆人，老子答应每天给他一百文钱。徐甲见老子出关远行，心想坏了，老子此一去，工钱怕是要泡汤，那可是笔巨款（他为老子做仆人已经快200年了），于是托人写了状子递给尹喜。尹喜看了状子大吃一惊，急忙告诉刚到函谷关的老子。老子把徐甲叫来对他说，我当初雇你时也把"太玄真符"给了你，并答应你到了"安息国"后用黄金计算工钱一并给你，怎么就等不及了呢？老子让徐甲张开嘴面向大地，只见那"太玄真符"立刻从徐甲嘴里吐了出来，徐甲顿时轰然倒地，成了一具枯骨。尹喜见状，知道老子是神人，赶忙为徐甲求情，并愿替老子还债。老子把"太玄真符"扔给徐甲，徐甲立时复活。尹喜给了徐甲二百万钱，打发他走了，又向老子执弟子礼。于是老子不仅把长生之道传给尹喜，还作了篇五千字的《道德经》留给尹喜。

这等佳话传喜，画家们当然不会放过。不过这些画作大多雷同：一个白发长髯、衣衫飘飘的老者，一个挑着行李和葫芦的书童，一骑青牛。太过写实，根本没有想象空间。

这方长江石所蕴藏的内容和遐想空间是那些画作根本无法比拟的。骑在青牛上的老子和一条挡住去路的黄犬构成全部图案，青牛背上的老子身体向前微倾，似在向犬的主人（当然是关令尹喜）询问，或是在倾听尹喜的问询。青牛的一只角向上突兀竖起，似乎对挡路的黄犬表示愤怒。

这方被命名为"老子出关"的长江石画面简洁，没有多余角色，没有背景装饰，甚至没有那重要的关令尹喜，只有那拦住去路的黄犬。但是，那身体前倾的老子是在听尹喜说，还是在嘱咐他，抑或两者都有？尹喜在与不在画中已然不重要，俯身向前的老子已经将他唤出。大自然的鬼斧神工令任何画家都望尘莫及。

不过，我的解读还未完，遐想还要继续。

遐想一。

黄昏时分，老子骑着青牛来到函谷关。关令尹喜拦住了他。要出关，可有出关文书？尹喜公事公办。

老子双手一摊，没有。

此次您老去周入秦，西去归隐，那么，您得留下点东西，权当过关买路钱……您是守藏室史，就留篇文章吧。

老子一听笑了，倾身向前，让尹喜再说一遍。听说过要珠宝钱财当买路钱的，没听说过要思想文章当买路钱的，这关令是不是脑子搭错了线？当确认尹喜不要钱，只要文章后，老子释然了，脸上堆满了笑。那青牛却愤怒了，哪有这样要挟主人的！于是昂起一角准备战斗。

遐想二。

清晨，微曦刚露，老子骑着青牛再次来到函谷关门前。关令尹喜那条忠实的黄犬，再次拦住了老子。老子笑嘻嘻地从怀里掏出一捆竹简，递给尹喜，然后俯身向前叮嘱他，好好保管这书简，让后人慢慢破译吧。眼神中满是揶揄和狡黠。那青牛这时昂起了角，一脸的骄傲，好像在说，就你们，能读懂这文章？！

当然，遐想还可以更多更丰富。谁说不是呢，传奇本身就比信史更精彩，更令人浮想联翩。

怒江伏虎罗汉石赋

朱小平

朱小平

北京市政协文史和学习委员会特
邀委员，中国文物保护基金会历
史文化专家委员会委员。中国作
协、北京作协、中华诗词学会
会员。出版有长篇纪实《1925
至1949国民党特工轶事——从
军统到保密局》《谁该向中国
忏悔——抗战胜利反思录》；人
物传记《张大千》《蒋氏家族全
传》《鬼才范曾》《我所知道的
顾城》；文史笔记集《历史脸
谱——晚清民国风云人物》《清
朝，被遗忘的那些事》；散文随
笔集《无双毕竟是家山——传说
之外的老北京》《文化名人大写
意》《多少楼台烟雨中》；《朱
小平诗词集》等20余部。

吾国之怒江者，滇之大川也。一呼奔泻，蜿蜒曲突；两叠立而汹涌，嚣腾而澎湃，为人鸟不可逾之也。

既以神州之广，江流何其横纵？继以河川之多，江石何其杂博？怒江之水兮清清，盘古之石兮莹莹。而水中有石，湍滌何止千载？石上有纹，天工徒叹神奇。故其鬼斧纹石者，日月之华润，精灵之孕育也。喜赏玩者所搜之石，每怪状奇形，灵显花树飞禽，几至钩摹人兽，令观者惊诧莫名也。

友人尝示怒江所出之石照，冠名曰：伏虎罗汉。凝眸定睛观之，若鬼使，竟神差，恍若写意之画，惚如刻凿于壁，笔似淋漓，帛如渲染，人若宛如，神亦毕肖。但见罗汉收威，俯首定睛擒伏；猛虎敛爪，收须缩身踡卧。更现苍岩盘垒，想见风涛阵阵，闻声而缚。郁林层差，可知云

怒
江
石

乱绰绰，百啸而收。于乎哉！曾咆哮，虎必从风而下山；定从容，手当出心而淡定。水无常形，石有恒势。一石虽小，当形出而驰骋；三千乃大，以容物而磅礴。石不在小，有形乃现，形不在华，有神乃精。其石似散花清气，如涤目澈泉，观之可思接千里，可简在一心。

或曰罗汉者，国人皆知列有十八，传乎千载。而伏虎罗汉，齿序最末。弥勒尊者，是为其名。云其静住于寺，长闻哮声，乃寺外猛虎饥则盘桓，啸出腹鼓也。故尊者悯然，天心刹那，施己食，分于虎。悠悠华枝，习习春满，袈裟飘拂，威猛为之伏；木鱼朝暮，长伴之于侧，佛家故事，人口脍炙，所谓施之从善，虎可点头。

夫华夏五代以降，画帛见绘，可窥贯休笔意，可诵东坡诗赞。古往庙寺，雕塑各窥。竟而一衣带水之扶桑，钟磬梵声之镰仓，其寺曰光明，其壁尊罗汉，乃宋元季所绘也。可证中土文明，一苇可渡，域外泽被，光大发扬。而石现伏虎罗汉，岂非天赐一绝耶？

故赋而赞曰:忽报人间曾伏虎，伏虎犹见一拳中，此乃怒江罗汉石也！

孔雀不跳舞

宫异娟

最近我一直在忙着写《生在1949》这本书。我是共和国的同龄人，在书里我讲自己的人生故事，讲和祖国一起走过的70年岁月。应朋友之邀，我每天还在新浪博客和手机微信群里连载着书稿。我用的网名是孔雀不跳舞。

日前，有个姐妹拉着我去看奇石展，说我书写完了我应该减减压、放松一下。我对赏石本是个外行，友情难却，还是去了。

能称之为奇石的，必是石中绝品。它们有的天然成字，有的神笔作画；有的挥洒写意，有的造型成趣。哪一件都值得细细观赏。在一处并不显眼的位置上，一块长江石吸引了我。它既没有艳丽的色彩，也没有奇特的形态，但不知为什么，看到它的第一眼，我的心便怦然而动。因为在我眼前的，分明就是个曼妙少女的背影。她肩头垂散着秀美的长发，身上是一袭及地的纱裙，左手玉指轻捏着裙裾，正款步离去。我不由在想：她该是怎样的一位绝代佳人，才能有如此优雅的姿态美、如此绝妙的朦胧美和如此神秘的空灵美啊。这种美，是任何人工雕琢都不可能成就的。我真不敢相信，她只是大自然中的一块石

宫异娟

毕业于中国人民大学新闻学院，研究生学历，法学硕士学位，高级记者职称。曾任《北京晚报》副总编辑、中国晚报工作者协会国内新闻分会会长、北京市文联理事等职。获北京市优秀新闻工作者称号。从业期间，所写稿件、论文获奖近30次，其中《新时期晚报的特点与定位》获中国晚报优秀论文一等奖。主编、编辑各类书籍70余册，著有《生在1949》等书。

头。更让我惊奇的是，她竟然有一个与我的网名相同的名字：孔雀不跳舞。

难道这就是赏石家们所说的人与石头的缘分吗？难道就是这位孔雀姑娘在冥冥中召唤我来这里与她会面吗？既然我来了，她此时此刻又是欲往何方呢？我站了许久，想了许久。

回到家，我打开电脑，准备在新浪博客上继续发我的下一篇书稿。真是天意呀，我该发的竟然是第四章的那篇《体育课上孔雀舞》。

20世纪60年代初，我在北京女八中读书。那时每年十一的国庆游行，我们学校的孔雀舞都会成为文艺大军中一道亮丽的风景。为了完成好这个任务，学校的体育课大多成了舞蹈课。我们的体育老师姓王，是个30多岁的汉子。他带我们做好准备活动后，舞蹈老师便一招一式地教我们学习孔雀舞。王老师在旁边观摩，有时还指点我们，喊着："××丁字步站得不对""××挺胸抬头"……每逢此时，我们总是不以为然：体育老师管跳舞？有本事你也跳啊！

十月一日，我们400人组成的方队，伴随优美的乐曲，踏着舒缓的舞步，簇拥着孔雀彩车接受毛主席的检阅。那一刻，我的心里幸福无比。后来听说，队伍集合时，有个同学突然病倒了，是体育王老师换上服装，代替她跳着孔雀舞通过了天安门。真的、假的？我没有去核对，但自那以后，同学们更加尊重王老师了。

为祖国生日跳孔雀舞，是我少女时代最美好的记忆。但是当时竟连一张照片都没有留下，又是个深深的遗憾。

我60岁生日那天，向校友借了孔雀服，专门去影楼拍了一套艺术照。那些舞姿都是摆拍的。我这只"孔雀"年岁大了，没机会再为我的祖国母亲跳舞了。所以我给自己取了"孔雀不跳舞"的网名。

此刻，我又想起了那位孔雀姑娘。我真的好想知道，她为什么"不跳舞"呢？

入夜后，孔雀姑娘来到了我的梦境，把她的前世今生讲给我听。原来，千万年前，她是云南的一只金孔雀，妖魔粉碎了她的灵魂，把她变成了一块顽石。机缘巧合，这块顽石被洪水冲入了江河，几经辗转，她最终投入到长江母亲的怀抱。母亲用自己真挚的爱，一点点修补了她的灵魂。虽然她还不能摆脱石头的躯壳，但她可以在江水波涛中畅快淋漓地跳舞了。她时而自由地旋转，时而快乐地跳跃；时而热烈地与同伴共舞，时而温存地与江沙拥抱。她不停地跳着、舞着。她是在为长江母亲那博大的爱而翩翩起舞。这一舞就没有停歇。不知不觉过了千万年，她有了如今的花容月貌和婀娜身姿。长江母亲还特意为她量身定做了美丽的纱裙。她成了江流里高贵的孔雀公主。

有一天，一位爱石如痴的人发现了她，把她带离了长江。没有了江水波涛，没有了江石伙伴，没有了绵绵江沙，她无法再像过去那样为母亲起舞了。从此，她给自己取了新的名字：孔雀不跳舞。每天日出之时，她无论身在何地，都要向着长江的方向眺望，祝福母亲永远健康、快乐……

聊着聊着，东方现出了鱼肚白。我知道，孔雀姑娘该走了。只见她转过身，这一刻，在我面前的，又是初次相识的那个曼妙少女的背影。肩头垂散着秀美的长发，身上是一袭及地的纱裙，左手玉指轻捏着裙裾，正款步离去……

啊！我有我的故事，石头也有她的故事。我所要讲述的，是自己对祖国的热爱，而石头要表达的，是她对江河的眷恋。

人在旅途
——
伊夫

伊夫

曾为北京市属传统纸质媒体记者。1981年开始在全国各地游走，然后又在世界各大洲之间周游。目前已经走过124个国家与地区。2006年，开始涉足网络新媒体，在新浪、搜狐、今日头条等平台上发表有关旅游的文章。

胶州湾半岛海滩外，不远的长岛上一块普通的球石，竟然与我的生命状态惊人地吻合——人在旅途！

褐色的石斑颇似欧亚大陆，从俄罗斯到西欧，从中国到土耳其，浮在浩瀚的太平洋与印度洋之间，更为奇妙的还有日本列岛、菲律宾群岛，甚至包括澳大利亚在内的南太平洋大小诸岛。

这些图案天然浑成，感觉就是人工后天雕琢所致。最让人惊叹不已的是，竟然还有一个书生模样的人，乘坐一叶扁舟在南极洲附近漂泊……

说起我的生命状态，一句话概括就是——行走与写作。

而目前的生命状态，正源于我儿时的梦想。

因为喜欢诗歌、散文等文学作品，我同许多小孩一样，也有一个作家梦。但梦想周游世界，似乎是偶然引发的。

14岁那年，我随家庭被驱赶到北京郊区一个普通村庄落户。当时正盛行读书无用论，偏偏那时在村里的一个毕业于牛栏山高中的富农儿子家，无意中看到他用过的初中课本《世界地理》。

长岛球石

　　那本皮破角烂、已经发黄的地理教科书，犹如一道白光，瞬间照亮了我一度幽暗的心底。从寥寥数笔速写的巴黎街景、伦敦大桥以及印度泰姬陵中，突然发现原来世界居然那么大，居然那么丰富精彩！

　　富丽堂皇的卢浮宫、现代繁华的华尔街并不是靠高清晰的彩色照片吸引，只是简单的黑白速写插图，居然就这么轻易点燃了一个少年的梦想。

　　从此，一颗要亲眼见证世界各地风土人情的种子就在我的心里深深埋下了。

　　然而，现实生活却是——每天起早贪黑在方圆不足一平方公里的土地上，与生产队的贫下中农们一起挖渠、耕种、施肥、收割，周而复始且没有尽头。

　　理想与现实的巨大反差使我心里既有无限沮丧又对未来充满美好遐想。或许终有一日我能够摆脱这片狭小的空间，走向更广阔的世界，目睹感受此时此刻地球上其他民族的人如何生存。

　　光阴荏苒，当我可以选择走出国门的时候，第一个选择的旅行目的地就是巴黎，然后是莫斯科……

　　因为法国与俄国的文学一直不离不弃地陪伴着我成长，始终滋养着我干涸的精神洼地。我要去看看《红与黑》描述的巴黎与外省的区别；屠格涅夫笔下的花园与静静的河流。

当然，我还要去看看曾经的"社会主义明灯"阿尔巴尼亚，看看曾一度侵占到巴尔干地区的奥斯曼帝国，以及沿着蜿蜒的多瑙河与古老的尼罗河的河岸漫步。因为，这些都曾经仅限于书本文字的描绘，现在，终于可以亲眼看见了！

如果我不喜欢阅读、不喜欢文学，也许未必对世界如此痴迷，充其量就是随旅行团到此一游，拍个照片再狂购物一通后兴冲冲满载而归。但我想一个人在可以给中华人民共和国公民发放旅游签证的国家与地区，随心所欲地漫步、行走，与他们一起乘坐公交车、去菜市场、去海里游泳，在陌生的远方分享不同文化、民俗带来的新鲜感与意外喜悦。

于是，从亚洲到欧洲，从非洲到美洲，就这么一刻不停地在各大洲之间愉快地行走与写作，将这一切作为一种生命状态在我的生命中固化。

走遍世界，也曾经信手拾起过无数石头。如非洲最南端好望角的蓝黑色火山石块；目睹了阿塞拜疆与亚美尼亚两个民族在纳戈尔诺-卡巴拉赫山区流血冲突过的石子；还在距离赤道不远的桑给巴尔岛"石头城"内俯身捡起一块滚烫的鹅卵石。

然而，所有这些来自五湖四海林林总总、形态各异的石头，都没有近在咫尺的山东长岛这块"人在旅途"球石最贴近我的人生之路！从隐隐约约的各国地图轮廓到天涯孤旅一个人的漂泊，再没有比它更形象、更真实地诠释我的生命状态的石头了。

这些年，从世界各地捡拾回来的石头，都陆续分赠给了朋友们。现在手中已经空空如也，但无怨无悔。不是因为还继续在路上的我可以随时搜集，而是通过这些石头传递了朋友间的友情，让他们分享了我的旅途见闻与快乐，同时更分享了不同文化交融产生的生活理念。

这些石头还触发了一些朋友也"说走就走"的激情，甚至对有些懒惰的朋友起到决心改变固有生活方式的催化作用。哈哈，小小石头居然还有这些意料之外的功能。

生活在继续，各大洲还有许多尚未涉足的地方，明天，还要启程去新的远方。

人在旅途，一块球石伴随在我心中。

山中思绪——

何万敏

何万敏

生于四川凉山，毕业于四川美术学院。高级记者，现任凉山日报社副总编辑，西昌学院外聘教授。系中国文艺评论家协会会员、四川省作家协会会员。

　　像这样一块石头，摆放在面前，我首先看到形状：人们看物件和事情总是从形开始的吧，把形的边缘理解成线条的话，它所勾勒出的就是外部轮廓，方的、圆的，多数时候是不规则的，总之是物体的初见形态。仔细看这个不规则的外形，再找到一个恰切的角度，好了，似乎可以看出像什么。像什么，所调出的是日常的记忆，并且比对，或者联系过往印象当中的经验。对的，像一只寿龟，屹立了千万年之久；抑或即使背负厚重的外壳，依然昂首，迈动步履，一直砥砺前行。

　　审美多是从外表开始的，表面很直接，带给感官的刺激也很直接。所以我常常看画，看照片，看景，看人生。小时候拿薄得透明的白纸蒙着画《芥子园画谱》，临山水花鸟草虫走兽人物，觉得眼前的山水都是画意，扑面而来的是静穆的气息，哪里像今天的嘈杂和喧嚣？

　　有心想去探究材质：玉石，至少是玉与石的混搭，如题示来自内蒙古戈壁石碧玉。茫茫戈壁一泻千里，风沙层层叠叠在酷烈的光照下游弋。一定是有千年等一回的机缘巧合，此等尤

广西水冲石

物才会在时间的推移中转化为装饰艺术。"玉"一词不仅包括硬玉和软玉，也包括蛇纹石、角闪石甚至大理石等精美石材。祖先的眼光独到，从精致打磨的石器发端视玉为珍贵，只不过历史上备受中国人推崇的真玉是软玉，富含镁质的絮状矿物，坚硬如同钢铁。理论上玉为纯白色，但是微量杂质可能生成从蓝、绿到棕、红、灰、黄甚至黑等颜色。汉代许慎在《说文解字》提及，"玉，石之美者。有五德：润泽以温，仁之方也；䚡理自外，可以知中，义之方也；其声舒扬，尊以远闻，智之方也；不挠而折，勇之方也；锐廉而不技，絜之方也"，实在是脍炙人口。

道理在，读书洗涤净尽的心扉，渐又沾染尘埃。商业的急功近利让今人更容易直奔价值和财富而去，忽略了领悟与漾洄，境界早已退居其次。"物于物"，被物所奴化的迷离，终不能超越"物的世界"而进入一种生命的"悟境"。

我还会痴迷色彩：一朵万年的花，开放着凝结为化石，便永久绽放不败，花瓣的柿子红用浅黄色勾边，泛出金光，变化丰富多彩而又协调和谐，层次分明曼妙而又肌理浑成，大自然的鬼斧神工赋予这些事物传奇光辉。

　　毫无疑问，若论对色彩的观察和把控，印象派诸位堪称大师。之前的绘画遵循着古典主义的精致和细腻传统，但艺术革命就此展开。莫奈的《日出·印象》，画面上一轮橘红色的朝阳正从海面懒洋洋地升至天空，光亮尚不足以驱散笼罩在行驶的火轮和摇橹小船的蓝色雾霾，却有足够的能量在寒冷早晨的紫色海面上洒下一片暖橘色的反光。如同在吉维尼的莫奈，或者在阿尔勒的梵高，塞尚也沉迷于研究当地的独特风景。塞尚说，我们人类具有双眼视觉，我们有两只眼睛，而且我们的左右眼记录的并不是相同的视觉信息，每只眼睛所见略有不同。他整天在野外陶醉。他在给友人的书信中肯定地写道："你看，所有在工作室内制作的架上绘画，绝对无法与户外制作的相媲美。再现户外场景，人物与地面的各种对比让人吃惊，风景也壮丽。因为我看到出色的东西，决定往后只画外观下的东西。"有了自然的馈赠，无论是什么问题，塞尚都相信大地母亲会给出答案。他主张，所有的"画家都必须全身心投入到对自然界的研究中"。

　　观看事物的不同方法，作用于头脑和涂抹色彩的手，被视为艺术创作能力。十九世纪中后期那批西方画家从此饱尝艺术史赞誉，却忘记了比他们领先一千多年，中国山水画早已登峰造极。也不是我们现在常见的水墨淡彩，早期，重彩和水墨是并存的两种形态。晋唐绘画重彩色，山水画设色以青为山，以绿为水，以赭为土，间以白石红树，因青绿二色用得最多，故名青绿山水。中国画家的脚力似乎更加康健，喜欢云游名山大川。有山的地方，抬首低头，畅望沉思，山水自来眼底；不单写生，置身景物亦可悠然情怀，要的是"搜尽奇峰打草稿"，笔端流露出的，是人与山水的心灵呼应。依南朝宗炳的看法，在终极的意义上，画山水是为了"澄怀观道"。

　　文明的积淀，不是表层的风貌所能涵盖的。由这样一块来自内蒙古的戈壁石碧玉，我试图用文字想象它与遥远四川凉山的联系。毕竟是山之子，如同连绵大地给予的生命，山川常常引领我的思绪展开遐想，并挑拨起跋涉和翻越一座座山的冲动。我喜欢视野里充满起伏的高山。我喜欢高山在时光的游走中变幻奇妙的色彩。作为一个朝圣者，我渴望对山中事物的理解成为我思维中新颖的追问。

失而复得的时间

——白明

白明

清华大学美术学院教授，
陶瓷艺术系主任。

世间的物总是携有许多的信息值得我们去用心注视。

好的物总是令我能瞬间安静，并能快速屏蔽我所生活的日常，将我隔在一个属于另一个自己的空间里，好似这个物能将我带走。能让我出神携离此地的物里，就有一些石头。

这酷似远古陶瓶的内蒙古玛瑙戈壁石就具有这样的魔力。这是玛瑙与水晶的共生体，玛瑙石皮，水晶内腔，亿年前遗留下来的火山熔岩中不知何处的一小块。这像极了远古时代厚漆包裹的玉器，又似几层皮革包裹着的琉璃。空空的内腔原本应是个水胆，厚厚的包浆里泛出柔而又柔微而又微的光，很是养眼，还有那层层不同质地的石皮形成的起伏、剥离和线条所带来的视觉变化与视觉享受，对我们每天都在创造形制和思考形色的人来说，简直就是奇妙又温热的汤药般有肌体的直接反应。这穿越亿万年的一块小石就像参与了人类文明的觉醒中的

文心雕石

内蒙古戈壁石

真实陶瓶一样，符合了我们对形制的规范与自由、功能与审美的双重需求，且来得如此朴素和具有不动声色的教养。将岁月的美与风霜酷暑的亿万次拥抱化为视线中的柔暖，瞬间将我感动。这种造型像极了远古的陶器，却又是不可思议的全然天成。略显不对称的"瓶身"带给人无限遐想，如有生命的真实躯体般具有向上眺望的企图。

常想，一块小石，非玉非奇非珍，来自戈壁，这样的石头，有什么可值得我们去注视的呢？有什么值得我们去喜爱甚至还值得动笔写些文字呢？我们的先贤曾将一些著名的石头玩得让后人绝望，让西方人觉得他们像是晚开化了几百年。我也喜欢著名的石头和符合传统审美的好的文石，但我摆在家里的石头尽是普通又普通，只是与我的游历有关，与我曾经与它的无意对视中瞬间的直觉有关，我喜欢的石头至凡至朴，却是能居于我的茶台与书房，目光所及，借着这些石寻回些"失而复得的时间"。

"失而复得的时间"，这样充满深意的话不是我说的，这是我常常会在日常之一件事一个物和我的一个不经意的状态里由衷生出来的别人的话。是我曾经读过的小说里的一句，或是某个诗人或哲人说过的一句。因这句话曾让我迷茫，我好像没有什么时间可以让我失而复得，却又觉得这样美妙又神奇的事情一定存在。现在明了，一个好的自然之物里藏有许多可以让我们拥有这"失而复得的时间"的密码，而且这种密码常常自动更新，因人而异。比如，这个经亿年时间打磨出的"陶瓶"，正因为让我能拥有"失而复得的时间"感觉，让我愿意借用这多出来的一段时光，写些文字。

冥冥思游，这"陶瓶"的幽润柔光之中尽是斗转星移。

写给宝宝，愿你像石头一般——

杨丽娟

杨丽娟

《北京日报》"纪事"栏目记者，毕业于清华大学。从事过书画艺术报道，现在是一名新手妈妈，也是一位历史类非虚构写作者，作品曾被《国家人文历史》官微、《新华文摘》等转载。

"好像襁褓中的婴孩呀！"刚刚成为妈妈不到两个月的我，第一次见到这块戈壁石，不由感叹。如果不是这个时间点，如果不是这块石，很可能，即便相遇，也是在眼中淡漠地一扫而过。

然而，恰恰是此情此景，体内天然的孕激素几乎难以抑制时，邂逅了这块似有灵性的石头，自然便想跟怀里软糯可爱的婴孩唠叨几句。

大文豪苏轼在儿子出生时写过一句诗："惟愿孩儿愚且鲁，无灾无难到公卿。"意思是希望儿子笨笨的，却能平平安安做到大官。不辛苦却有福气，功名利禄都有，这个愿望连母爱蓬勃的我都觉得有点贪心。

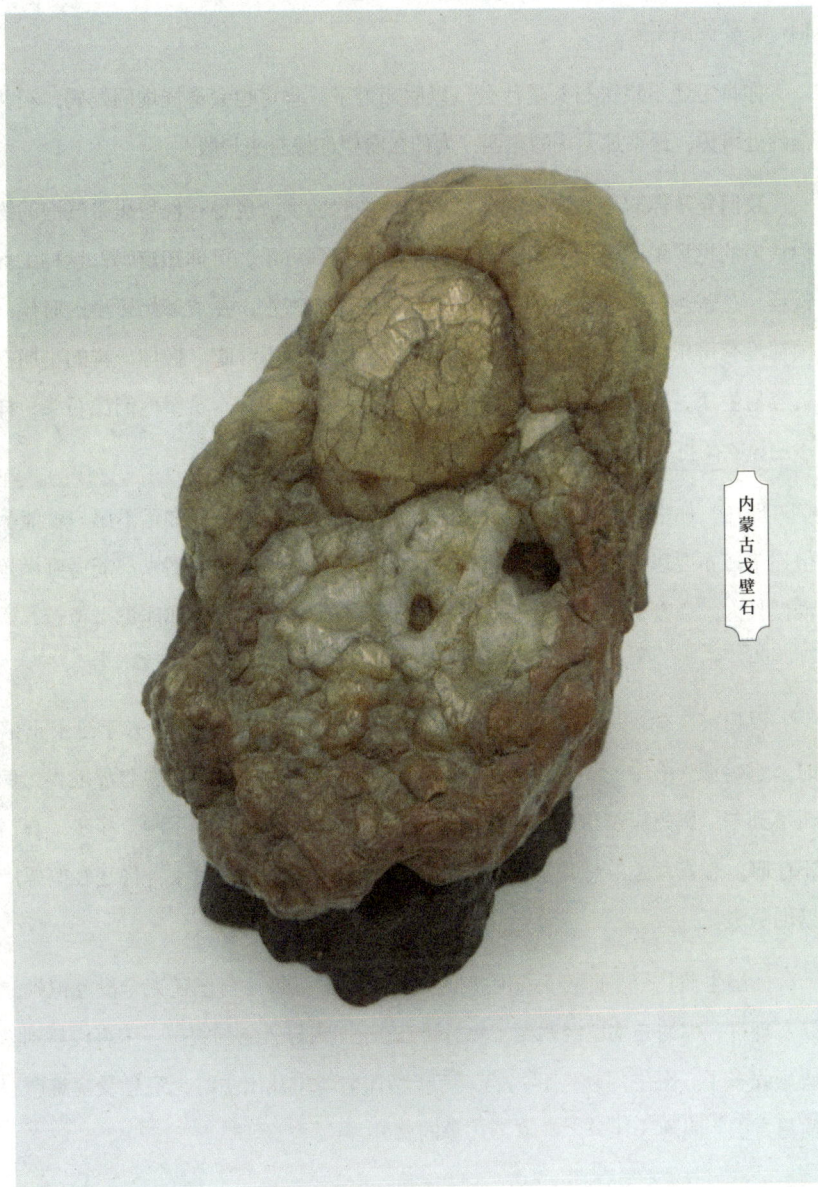

　　宝宝，妈妈从不奢求你"无灾无难到公卿"，只希望你像石头一般，可以平凡，但一定要健康平安。

　　你肯定还不晓得石头是什么，以后知道了，肯定也会奇怪地问妈妈，石头是世间最随处可见、最平凡无华的东西，为什么希望你像石头一般？

　　我们先从你的小名说起吧。可乐，是你的名字，也是一种甜甜带气泡的饮料。在你认识的世界里，任何一家小商店，都可以买到可乐。可你知道吗？这种工业制成的饮料，在爸爸妈妈小的时候，是非常罕见的进口汽水，在爷爷奶奶小的时候，整个中国都没有可乐。不仅如此，那时候连米饭、馒头都不够吃，像你一样的小朋友吃不饱就容易生病，所以好多父母就给小朋友起名叫"石头"，希望他们像石头一样顽强，不怕风吹雨打。

　　现在，你生活的环境已经大大不同，世界各地的美食，你足不出户就能品尝到。但你千万不要以为自己可以永远随心所欲，不要以为所有的需求都能得到满足，等你慢慢长大，会有得不到，会有挫败，会有受伤，那时，希望你能记得爸爸妈妈小时候那些叫"石头"的小朋友，希望你能像石头一样，经得起雨雪风霜。

　　说起来，你尚未降生时，也跟妈妈经历过世间的锤炼了。去年夏天正值酷暑之时，妈妈揣着腹中的你去西山采访，出了地铁站原想打车，不曾想那地界太偏，根本叫不到车，妈妈只能带你徒步上山，高高低低起起伏伏跋涉了两万多步，真担心你受不住呀。也真幸运，你足够强健，晚上回家，我瘫坐在沙发上，你还在妈妈肚子里活跃地翻滚呢。

　　你出生前几个小时，后知后觉的妈妈发起了高烧，自己还完全没意识到，医生阿姨发现时，你的心率已经飙到了每分钟180次，只好紧急剖腹产……真没料到，你比妈妈顽强多了。医生阿姨告诉妈妈，有一种评估新生儿出生时无窒息及窒息严重程度的简易方法，叫阿氏评分，你拿了10分的满分。

如今，你已经长成四个月的胖娃娃了。如果只能从上天的馈赠中选择一样，妈妈选择你一直健康平安。如果还能有更多期待，妈妈想跟你聊一聊你喜欢的孙猴子。

在《西游记》中，神通广大的孙悟空是个石猴，他没有爸爸妈妈，而是天地间的一块石头采集自然灵气后变成的。石头变成的孙猴子起初就像未经打磨的顽石一般，从不把世俗的条条框框当作束缚。在他眼里，玉皇大帝、如来佛祖、各界神仙都跟自己一样是平等的，无须盲目崇拜。后来，当他决定护送唐僧西天取经时，曾经无法无天的猴子又变成了矢志不移的斗士，历经八十一难，走过十四载春秋，哪怕被误解、被冤枉，始终不曾放弃。

宝宝，妈妈希望，长大后的你也像孙悟空这块顽石一样，有自己的判断，对于权威人物的观点，可以学习，可以交流，当然也可以质疑。妈妈更希望，当你找到人生的方向，能够像孙悟空一样坚持到底，在艰难困苦面前不轻言放弃。

中国古代还有一位书画家，叫作郑板桥，他性子有点古怪，只爱画兰花、竹子和石头。关于石头，他题过这样一首诗："顽然一块石，卧此苔阶碧。雨露亦不知，霜雪亦不识。园林几盛衰，花树几更易。但问石先生，先生俱记得。"没错，郑板桥把顽石称为"石先生"，他觉得正人君子就要像顽石那样终生不变其志，经得起风吹浪打，笑对人间沧桑巨变。

你还太小，可能不太明白诗中的含义。不过没关系，人生很长，你才四个月，有足够的时间去探索、品味，去慢慢成长，长成一位"石先生"。

石不能言可人否——

张逸良

放翁有诗："自许山翁懒是真，纷纷外物岂关身。花如解笑还多事，石不能言最可人。净扫明窗凭素几，闲穿密竹岸乌巾。残年自有青天管，便是无锥也未贫。"艺术品微拍刚刚兴起那阵儿，凑热闹，买了幅尹石的书法"石不能言自可人"，也促使我去找寻此言的出处。不知笔下之"言"有意还是无意，从"最"到"自"，似乎预示态度的转变——这世上可人的物件太多，变化也太快，"最"这类毫无保留、不留余地的表达太过绝对；改用"自"后，孤芳自赏也好，"我自岿然不动"也罢，爱喜欢不喜欢，反正我就在这里——喜欢的人自然说好，不喜欢的人看了也觉无趣。没过多久，又买了喻慧画的一幅太湖石，画上录一段文，陈继儒的《小窗幽记》："溪畔轻风，沙汀印月，独往闲行，尝喜见渔家笑傲；松花酿酒，春水煎茶，甘心藏拙，不复问人世兴衰。"不问俗尘，与世无

张逸良

毕业于南京师范大学新闻系，现供职于北京晚报副刊编辑部，曾在《人民日报》《新民晚报》《北京晚报》等媒体刊文百余篇，著有《另一种表达——西方图像中的中国记忆》，编有《知味——北京晚报"知味"年度文章精选》《浮生一日》。

内蒙古戈壁石

争，归隐自然，追求本心；小小一块石，虽不能言，却让人心旷神怡，宠辱皆忘，可人否？

至此，我与石的缘分戛然而止，而这，也是我能回忆起来的与石有关的故事。在此之后，我的旨趣又重归俗尘，观实物画满心欢喜，看民俗画津津有味。看来，生活既要有"烟水气"还得有"烟火气"，一个观照理想，一个反映现实。毕竟在当下这样一个到处都有网络信号的年代，想要"遗世而独立"，并不是件容易的事；而将心思倾注于自然界的某种事物，便能消弭纷扰、琐碎，求得一方自由天地，就像这块小小的石头，是自然多样存在的微观象征，也是人们了解世界的一扇窗。

所以，与其说是藏石，不如说是把思想和理想寄寓在石上，为它赋予各种想象，将它与每个个体自身的命运，抑或一个群体的文化认知相贯通，进而使石有了更神秘的色彩。这种色彩，又与大自然的造化产生更复杂、更奇特的反应，在连接起天、地、人的同时又留下诸多疑问，等待有心人的解读和回答。藏石者便是"有心人"，不仅有心，而且勤于发现，善于联想。

不同于其他收藏门类，很难为石头划分明确而实在的价值判断标准，因人而异、因石而异，由此便会产生诸多分歧——"我怎么觉得不像呢？""我觉得这个一般，不如我的好。"众多收藏者都会有这种攀比心态，也试图通过说服来让别人相信自己的言论。不妨转念来想，一切皆因缘，人与物如此，人与人也是如此，何苦非让别人也觉得"可人"呢？收藏其实是件很私人的事，打开门，是市场；关上门，是世界。

在藏石方面，我是绝对的门外汉，仅"大分类"齐全：家里有块捡来的沙漠玫瑰石，自然雕琢而成的结晶；在巴黎的沙地乱走，捡到过燧石的尖状器与石片，人类智慧打造的工具。通过观赏同事的收藏，我方才打开一方真正的"石世界"，并且真切感受到他对石的执着与痴迷，相信在他心中，石当然是"最"可人的。尤其是在退休后，"纷纷外物岂关身"，尽可怡情养性享受生活，石，便是最好的陪伴。

其实，不管藏的是什么，一生有一爱好，有爱好能贯串一生，便是再幸福不过的事。这不，我也打算去寻一块合适的太湖石，摆在案头，写我的"小窗幽记"。

石品自有相
——
于海东

于海东

美术评论家，书画收藏家。

术有专攻，藏有所好，人物石则是我一位京城藏石家朋友的偏爱，兴许是石运当头，加之坚持不懈，让他拥有了很多既可成组又能独立典故的人物画面石，过目难忘。

人物石有象形与画面之分，后者整体轮廓更显完整，细节易见真实，能够让人产生共鸣，好的人物画面石往往能达到一象形一人物、一画面一场景的意外效果。这位藏石家以大漠石收藏著名，他的人物石不能说很丰富，但不能不说很精彩，以他的一块可以解读为仙凡共一石的四川长江石而论，画面上几根石纹形成的线条自主聚合，幡然成像，从"观音"造像的角度看，让我想到佛学绘画大家弘云先生的意笔观音，石上线条恍若墨气显化，意动中如梵音缥缈无尽，净瓶柳枝般的笔触看似随风实则风随的动感，一摆一摇，轻拂人心。有意思的是，石上观音的脸庞五官全无，因而无法看出这是三十六化身中的哪一尊。弘云先生曾创作并经高僧大德诵经开光的三十六幅观音造像，我有幸请回一尊《普悲观音》，之后又因写作弘云画集长序而得见其余，再与此石"观音"对照，虽无一面却觉面

长江石

面皆存，倍感观音法身变化的玄妙。从"仕女"坐姿的方向揣摩，石中人又极像国画大师林风眠先生笔下未完成的作品。当年我曾在中国美术馆看过林风眠的身后大展，其中便有多幅类似石中造型的仕女人物。他的仕女画极美，一是曼妙无比的神态，二是完全自我的意韵，三是凭空而生的线条，如今回想起来，只觉轻纱勾勒出的身形犹在安然而坐，眉宇间似藏先生几分心底忧郁的目光早已淡化在记忆深处。相比之下，我更想将这方奇石看作观音菩萨尚未完全显化的瞬间，"一合相，即非一合相，是名一合相"。如此万相由心，万念生悟，应是赏石境界使然。

　　近年随着新石种的不断开发和藏石热点的分化，佛石逐渐成为一个重要的赏石门类，受到藏石家的特别关注。我所认识的这位藏石家手上不乏石中大佛小僧，有一方山东长岛球石的小品给我印象尤深，石头不大，通体笼罩着一层佛门色彩，正面看上去是一个小沙弥完整的头部，然而就是这样一个五官俱全形神兼备的和尚光头，给人的感觉像是一叶菩提化形，却又充满凡人心态，参悟中几分天真，几分迷惘，似乎在皱眉遐思，又像独自苦苦求解，三千大世界，八万四千经，怎么能是这般小小年纪悟得出的。他在石中思，我在石外赏：赏石赏什么？十年前，我在为中国民间文艺家协会奇石专业艺术委员会"中国十大国石"评选所写的专论文章，面对中国赏石界亦曾有此一问，其实还涉及一个怎么欣赏的问题。

石有品，品立则相成。一块好石头好就好在不仅具有一目了然的视觉效果，往往能够形成属于自己的文化内涵，这正是奇石能否让自己活起来的根本所在。在古代赏石文化中，石品一直占有重要地位。有些对石品的理解则是通过历史人物形象进行阐述并演绎的，如"宋四家"之一的北宋书法家米芾，不仅自己爱石成癫，还被后人拿来作为画中题材刻意渲染，而真正能够理解"米癫"两字的又有几人呢！最出名的当属明代大家陈洪绶创作的《米癫拜石图》，可谓画中名人画外名家，一幅在2007年上海工美春拍中以836万元成交，一幅在2010年中国嘉德秋拍中以1176万元成交。若用赏石的眼光看，画的不过是一个历史传说而已。随着画中米芾的俯仰所拜，我们能够看到的只是石形构成的简单造型，完全想象不出米芾会为这样毫无生气的石头而莫名癫狂，要画好米芾拜石，石头才是画眼。相较而言，反倒是米芾自己创作的《研山铭》更懂得品石中的石品所在，2002年12月首次进入艺术品拍卖市场，这篇"石界第一铭"就以2999万元的落槌价创出三十九个字的笔墨天价。不论从何而论，米芾的赏石眼光和爱石痴心都值得当代藏石家好好体会。

真正说起来，存世最久的拜石图不是绢本纸本，而是在石头上。这位藏石家出示的几方广西大湾和云南怒江画面石，让我再次得见米芾从书法家、画家、礼部员外郎到"石癫"的石前诸相，不再官服裹体、官帽盖顶，有的是孑然一身独坐石前，这一坐就不知道坐了多久，多少参悟多少顿悟尽在意会之间；有的一人一石相对无言，却再无半点癫狂，无尽岁月里人与石相守，石与人相伴……我以为，米芾拜石本身彰显的就是一种赏石境界，即鉴石的文化品味和赏石的艺术追求，至于石品自有相之说，指的是因石而生的人品形象。相比"石癫"米芾，曾被人称"石疯子"的大漠石之父张靖也是这样因石留名的人。我的这位藏石家朋友和张靖是至交好友，我曾经为两人拍摄过一帧合影，如今张靖先生虽已远去，朋友仍念念不忘，最后一次我们去大漠奇石馆与老先生品茶论石的情景，更是常被重提，说来这也是一种石品所致吧。

石人合一——

刘齐

就是它，在内蒙古戈壁滩待了数亿年，风吹日晒，无止无休。

那个风，不是一般的风，是内蒙古大戈壁的风，撕天裂地，呼啸而至，沙子飞，石头滚，沙石互怼，谁也别消停。

那个晒，也不是海边戴着墨镜喝着饮料的人类小晒，而是无云无雨、没心没肺的荒漠干晒、暴晒、往死里晒。

到了晚上，又冷下来，冰火两极，温差悬殊，日日夜夜，胀胀缩缩。

它就这么忍着、扛着，或者锻炼着、享受着，爱怎么着怎么着，随遇而安，默默无言。

无言可也，默默未必。在漫长而广袤深邃的时空环境里，它的外表和内里，很可能发出过某种奇异的、普通耳朵觉察不到的声响。

声响即信息，信息即语言，听懂听不懂另说。

刘齐

沈阳人，辽宁大学文艺学硕士，作家。曾任《当代作家评论》杂志编委、辽宁省作家协会书记处书记。现任北京杂文学会副会长、《南方周末》等媒体专栏作者。出版有《刘齐作品集（八卷）》《中国杂文·刘齐集》《中国式幽默（法文版）》等二十余部。

内蒙古戈壁石

时光荏苒，白驹过隙。忽然有一天——这一天是它亿万年成长史中重要的一天，它被我的一位朋友发现，捧在手心，抚去尘埃，带回北京家中。

朋友说，这一天，也是他生命中的重要时刻，因为，他带回的，是一块极为特殊的戈壁石。

有专家看后，点评说，这是戈壁石中的精品。

朋友不大喜欢"精品"这个说法，觉得有制作意味和商业色彩，容易让人往"专卖店"和"名优产品一条街"方面联想。

但它毕竟从荒无人烟之处，进了人类的家门，人类总得有所表示。

朋友上下端详，为它量身定做了一副漂亮的托架，还给它起了一个名字："二龙戏珠"。

果然"二龙"，的确"戏珠"。整块石面上，隆起了两条细长弯曲的灰石头，上下腾绕，左右呼应，越看越像龙。而两龙之间，那个圆溜溜的黄石头，不是珠子是什么？

朋友觉得我的用语过于业余，委婉纠正说，灰石头咱管它叫灰玛瑙好不好？黄石头呢，矿物学的说法是：黄色玉髓。

我听了内心一震，玛瑙已然不简单了，还有玉髓，玉之髓，而且是纯天然，无人类基因、转基因、添加剂，太难得了。

"二龙戏珠"，名字好，形象也好，深得国人喜爱。中国的大街小巷，墙壁上、纸张上、器皿上、织品上、屏幕上，时不时就能看见，有这么两条龙，美滋滋地，喜洋洋地，使用只有它俩才能使用的高难动作，来跟那个典雅的龙珠，或者叫玉珠、金珠、太阳珠，配成更加典雅的图画。

从中还能看出，这两条龙相处得不错，关系比较瓷实。

相比之下，老虎和老虎之间，就不大容易相处。这一点，人类早都看出来了，并下了结论："一山难容二虎。"就是说，老虎的个头和食量虽然挺大，但胸怀和气量比较"王伦"，比较小家子气。

当然，这个不能全怨老虎，山也有责任，山太小，不得施展，资源也有限。

海就不同，海多大呀，别说你两条龙，十条八条一百一千，你们所有的龙都来，海也装得下。所以，龙和龙之间无须争抢，只管结成对子，高高兴兴玩珠子。

海阔洋宽，只是一个方面，人家龙本身也不白给，水里游得，地上跑得，天上还能飞，海陆空三栖，你老虎行吗？你才是一栖动物，拓展能力有限，顶多当个山大王。

皇帝比山大王级别高，而且并不全是蠢货，看龙这么能耐，就有想法了，中心意思是，把龙收归己有，独享。手下一帮胁肩谄媚者、嗷嗷颂圣者，一个比一个机灵，跑前跑后一忙乎，就有了龙袍、龙椅、龙廷、龙颜、龙子、龙孙。

可是百姓也喜欢龙啊，别的比如龙眼、龙虾、龙须面什么的暂不论，单说十二属相，就有一属是龙。这一年生的老百姓，占天下老百姓总数的十二分之一，皇帝权再大，心再狠，也不能下一道圣旨全砍了呀。

这么一想，就更加看重这块石头。中国几千年，出了多少皇帝？有一个算一个，愣是得不到它，反倒是我，一个朴实温和的现代人，跟它结了缘。

目不转睛，反复看，又有新发现。这块石头上，谁说只有两条龙？那个珠子的右下方，不是也有一条吗？再一搜寻，石上纵横密布的纹路间，大大小小，明明暗暗，灰灰黄黄，辉辉煌煌，还有一条、两条、三条，好多条。

如此，仍称其为"二龙戏珠"，就有点对不住它了。

是否可以改成"群龙戏珠"？

这是多好的一群龙啊，除了彼此友好不掐架，大家对那个珠子也很好，不但"戏"，而且呵护，而且——恕我用一个汽车业的俗词：保养。

一块巴掌大的石头，竟蕴含了这么丰富的内容，这石头就是海呀。

这海一样的石头，跟人类海一样的想象力、海一样的审美愿望，相互那么一碰，契合了。

石头它早就打算契合了。

人类在地球上根本不存在的时候，它就做好了契合的准备。它一心一意，等候人类前来契合。人类管这个叫：石人合一。

石头是老天爷做的，石人合一，也就是天人合一。

石头的随想——

阿遥

　　不知诸君有没有留心一个有趣的现象，中国古典文学四大名著，有三部跟石头有着甚深的渊缘。

　　《西游记》的主人翁，就是东胜神洲一块仙石迸裂出的石卵里化生出来的石猴。出世三百年后，他得遇仙师须菩提点化，赐名孙悟空，经过一番修炼，得到百变神通。

　　《红楼梦》也开篇于一块石头。这块女娲补天遗落在青埂峰下的顽石，跟随一僧一道而去，化作通灵宝玉，衔在主人公贾宝玉口里随之降生，从而带出"满纸荒唐言，一把辛酸泪"。因此小说又名《石头记》。

　　曾几何时，古人开始收集奇石美石。自从有了人造园林，石头就是不可或缺的重要角色，用来模拟山川造化，寄托人文情怀。北宋徽宗时，达到巅峰。彼时，徽宗集举国之力搜集奇花异石，组成运送奇石的船队"花石纲"，劳尽民力财富，就是为了在汴京艮岳修造皇家园林。《水浒传》里的青面兽杨志，就曾因押送花石纲在黄河里翻了船，不敢回京复命，四处

阿遥

本名姚敏苏，文物出版社副编审。

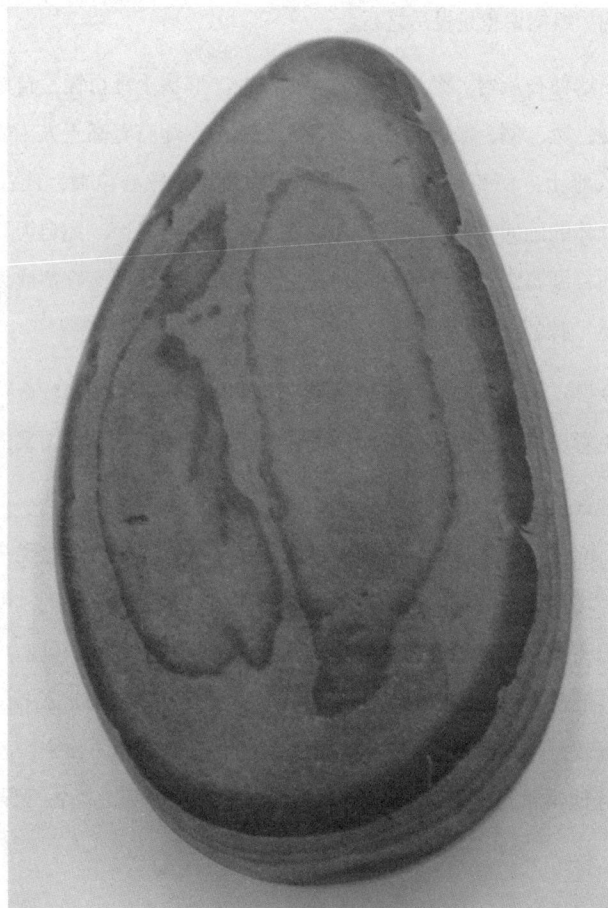

广西大湾石

逃难。后来又将押送的生辰纲丢失，于是上得梁山。

据记载，艮岳园林里奇石林立，叠石成山。所搜集的石料，多是取自江南的太湖石。艮岳被金兵捣毁之后，园中奇石散落到南北各地。苏州留园里的点睛之笔，当推著名的三峰冠云峰、瑞云峰、岫云峰。其中冠云峰高达三丈，称得上江南园林中最高大的湖石峰。相传，它就是宋代花石纲的遗物。而北京北海公园快雪堂前的湖石假山，核心的一组据说也是艮岳之石。

太湖石这种石灰岩，经过长期的湖水侵蚀，形状千奇百怪，自然灵秀。古人总结出，具有瘦、透、漏、皱的特点，不是人工雕凿，却有着高于人工的审美意趣。善于造园的文人雅士，每每倾力搜罗，或在园中装点于核心位置，或在边缘角落叠石成山。那种立体的画面，似不经意，却缺之不得；虽由人造，宛自天开。园主人或寄情于山水，或将湖石寓以深邃的义理。总之，无论如何运用，它都成为中国园林里当之无愧的重要元素之一。

直至今日，仍有大批爱好者特别是文人乐此不疲。除了形状奇特的石头，人们还搜集各种色彩斑斓的、形成天然画图的奇石，猜想和玩味那些图案的形状寓意，从中寻找乐趣。

我的一位在报社从事编辑工作的老友，多年来就喜好收藏这类奇石。他众多的藏石里，有一块河卵石，是出自广西的大湾石，虽然个头儿不很大，但是图案很奇妙。青灰色的石头上，像是墨笔勾勒的写意画：仿佛是一位侧面的老僧盘膝而坐，面对一块大石头，低首参禅。藏家命名为"拜石"，大概是联想到北宋书画家米芾拜石的典故了吧？据载，米芾玩石玩得神魂颠倒，整日待在画室里不出来，有时一连几天不理公务。而且他常常见到奇石纳头便拜，称石为兄，癫狂之态古今罕有，成为千古典故。

然而，这块河卵石上的图画，在我看来，不像疯癫的米芾，倒更像一位禅定的老僧，不是面壁，而是面石。他参悟到了什么？天天摩挲玩赏它的藏家老兄，面对这块石头，又参悟到了什么？能不能由此编写出一部奇书，也从石头里化出什么通灵故事，流传后世呢？

石头的温度——

李培禹

李培禹

1978年考入中国人民大学新闻系，1982年毕业分配到北京日报社。高级编辑职称，曾任《新闻与写作》杂志主编、《北京日报》副刊部主任等职。现为北京市杂文学会秘书长、北京市东城作协副主席、北京作家协会会员、中国作家协会会员、中国传记文学学会理事。作品曾五度获得"中国新闻奖"，也是首届全国"孙犁报纸副刊编辑奖"、第八届"冰心散文奖"获得者。文学作品近年分别获得《人民文学》全国游记文学征文奖、《解放军报》"长征文艺奖"、"大沙杯"全国海洋散文征文奖、《解放日报》"朝花"副刊征文奖、北京作协主题征文一等奖等。多篇作品获得全国年度选本及部分省市中考语文试卷、阅读辅导教材等。出版有《走进焦裕禄世界》、《您的朋友李雪健》（与梅青合作）、《笔底波澜》、《总有一条小河在心中流淌》等。

说石头是有灵性的，早已有凭证：《红楼梦》又名《石头记》，曹雪芹赋予贾宝玉身上的那块"通灵宝玉"，蕴含着多少故事啊。说石头会唱歌，有《木鱼石的传说》，歌词云："有一个美丽的传说，精美的石头会唱歌……"其实，石头就是石头，哪有那么多说道？然而，我今天却要说说我与石头的缘分。

我这人不懂收藏，更不会专心对待一块石头。我脖子上偶尔坠着的那块墨玉，是一次出差云南腾冲，在和顺古城一家老店里买的。那"买"，也是因为我把价格一下砍去一半，本以为遭店主奚落几句就算了，不想那老板当即拍板："好，就给您打个对折，拿去！"我不好意思再推托，便掏几百块钱"收藏"了一块石头——不，是墨玉。回京后请一位玉石专家朋友掌眼给看看，专家笑了，说，还

广西水冲石

真是块玉，比石头强。我不知道这话是夸我呢还是损我呢？

这位鉴赏专家，就是我多年的好友，著名国画家陈士奎先生。士奎是书画大家，平时酷爱收藏、把玩玉石，那天为了"安抚"我受伤的心，当即送给我一个手把件。我也没客气，回他一句："还真是块玉，比石头强。"他哈哈大笑，说，你存着吧，这是块好玉。没事就抚摸、揉揉它，感到手热为止。你会体悟到好的石头是有温度的。

"石头是有温度的"，我记住了这句话。

体悟到石头的温度，也是从士奎兄身上开端的。那是我们一起到江西一个贫困地区参加采风活动，闲暇时我跟着他去了玉石市场。说是市场，其实就是一个个地摊儿，农（渔）民们（离湖边不远，所以也有打鱼归来的渔民）自家摆上一堆石头，讲究点的把石头分了类，用细细的流水冲刷着。我的眼神根本没放在玉石上，而是一个心思看陈大师挑选石头。大师神情专注而凝重，还拿出来一个什么物件，好像是专门看"水头"的。但可能真的没发现什么宝贝籽儿料，他失望地摇摇头。这时，看摊儿的小姑娘说话了："爷爷，您真的一块也不买吗？"士奎兄这才发现卖石头的是个小姑娘，他打量了一下她的穿着，说："我说不买了吗？"小姑娘没再说话，脸上立马有了笑容。于是，士奎兄掏钱买了十几块石头。回宾馆的路上，那袋石头还挺沉，我和他倒着手才拎回来。我记着士奎大师的话："这堆石头没几个钱，咱们买了就买了。你看，那个看摊儿的农家小姑娘多高兴啊。"

我的心头不禁一热，心里为士奎兄点个赞。

再说个我家院子地面铺石头的事儿吧。

我十几年前在大兴郊区买了处农家小院，几年后还清贷款，有点钱装修了，就通过朋友找到了装修队的小侯师傅。小侯并不小，一米八的个头儿，敦敦实实的身材，从河南安阳来北京做装修快十年了。长话短说，我们后来成了好朋友。装修的事儿我就找他，亲戚朋友甚至单位同事家里装修也都找他。小侯一如既往地让人放心、踏实。我还爱看他干活儿，没有他不会的，或者说没有难得住他的，瓦工、木工、电工、水暖，甚至软电等，样样在行。那年春天，院子里要栽种一片竹林。我高兴地告诉了小侯，他问需要他过来吗？我连说不用不用，送竹子的工人负责栽种。第二天，小侯不约而至。他说，园林工人种完就走，他们不管搭架子。新栽的竹子不搭架子不行，风一吹就歪了活不了。说完，他就一个人干起来。那时他还没有车，从城里到我这儿，要倒几趟公交车，然后再坐长途汽车，下车后还要走不近的一段路，而他，还要随身带着挺重的工具。

树木活了，竹子有了，小院该铺地面了。我喜欢花砖石的样式，但考虑价格难以承受只好放弃。小侯建议用下脚料碎石块拼，价格会便宜得多，他说只是您得容我几天，我得去淘换去。那段时间恰是我工作极忙的时候，根本顾不上小院铺地面的事。后来装修全部完工，我也没时间过去"验收"。我心里踏实：小侯的活儿不用验收。几天后我和家人回到大兴小院，最醒目的是用花色不同的花岗岩碎石块铺就的地面。家人都说好看。我拨通了小侯的电话，向他表示感谢。小侯说，新铺的石头地面要常浇浇水，而且您浇水时会发现我们的　　　意。我问什么意思。他说，您和家人一直对我和工人这么好，铺石头地面时，小　们几个工人特上心，在一块块石头中精挑细选，终于弄成了，您一会儿浇水时看看吧！

我赶紧打开自来水龙头，清流冲过的花岗岩碎石铺就的地面，立刻鲜亮起来。家里人先兴奋地喊起来："快看啊，地面上有个大福字。"我也看到了，小侯他们利用淘换来的碎石块，在我的小院正中铺上了一个大大的"福"字！

我又一次感到了石头的温度。

石头开片笑哥窑 ——

刘连书

刘连书

曾用名刘连枢，北京日报高级记者，北京作协会员，中国作协会员。著有长篇小说《暗宅之谜》《淘金谷》，中短篇小说集《拥抱爱情》《黑凤冠》等，编有电视剧《依依花草情》《口音》《暗宅之谜》《淘金谷》等，作品多次获得各种奖项，其中中篇小说《黑凤冠》获北京文学奖，中篇小说《生死都在黎明》获青年文学奖，《半个月亮掉下来》获第三届老舍文学奖提名并获得北京市庆祝新中国成立55周年中篇小说佳作奖。

看到这块奇石，简直惊呆了！这是石头吗？这难道还叫石头吗？表面色呈影青，通体布满包浆，开片纵横交错，还是金丝铁线，这分明是哥窑瓷器啊！但其收藏主人说，它确实是石头，内蒙古戈壁石，属于玛瑙。我对瓷器，包括哥窑瓷器，还算略知一二，也有些许收藏，而对奇石则一窍不通，从不敢下手拿货。通过资料查寻，得知玛瑙为玉石类宝石，古人视其为辟邪之圣物，而且还是一味中药，味辛，性寒，具有清热明目除翳等功效。行家言：赏石赏奇，品石品妙。这块石头可谓既奇幻无比，又妙不可言。

曾经拜访过一位青瓷制作大师，他烧窑用的燃料早已不是柴木，也不是烟煤，而是天然气。烧好一窑瓷器，当温度表显示炉内温度降到100摄氏度时，他慢慢打开厚重的窑门，架子上烧好的几十件青瓷，不约而同发出叮叮当当的声响，听来就像是敲打古编钟发出的。随着这悦耳的打击乐，只见青瓷的釉面

内蒙古戈壁石

瞬间呈现出纵横交错、深浅不一的裂纹——行话叫冰裂纹。多年前，我最初听到"冰裂纹"时，不禁为这名儿起得形象贴切而叫好。20世纪八九十年代，我曾多次在冬季到密云水库钓鱼，那时，一年四季都允许垂钓，也还没有围起用粗钢丝编织的篱笆。一同冬钓的大哥举起笨重而尖锐的冰镩子，使劲向镜子似的冰面砸去，随着咔的一声脆响，冰面炸裂开来，出现许多放射性纹路，这是真正意义的冰裂纹。给瓷器裂纹起名为冰裂纹的这位先生，想必也有冬钓的经历吧？现在，也许为了简便顺口，行内许多人管冰裂纹叫开片。听大师说，开片是由于瓷器在烧造过程中，釉面和胎体的膨胀系数不同形成的。烧制完成后，在自然环境中也是因膨胀系数不同，瓷器依然会不断开片，这个过程长达几十年甚至几百年。这就是说，如果会识别新老开片，那么也就能辨别新老瓷器了。

开片瓷器，以宋代哥窑最为著名，有"哥窑品格，纹取冰裂为上"的美誉。如今，无论哥窑、官窑、龙泉窑的开片老瓷器，都是收藏界人士追寻的对象。于是，坏了心肝的人便仿造出一批批开片瓷器，以新充老，坑害藏友，获取不义之财。本人就险些被朋友G"杀熟儿"。有一天，G力荐给我一件开片的宋代龙泉窑大盘，开价五万元，并信誓旦旦，如果哪天不想要了退给他，钱如数奉还。我拿给市文物局一位瓷器鉴定专家帮助掌眼。专家一笑，说这是她最近看到的第四件一模一样的仿制品了。

我曾经到台湾采访著名编舞大师、云门舞集创始人林怀民，他特别迷恋开片的哥窑瓷器，有好几部作品他都把舞台背景设计为开片的图案，充满新意，别具一格，与舞台上身着宋代松衣宽袖、轻歌曼舞的演员融为一体，如梦如幻。其实，最初，哥窑出现开片，是一种明显缺陷，但被制瓷工匠巧妙地用作装饰，成为化腐朽为神奇的残缺之美，就像女神维纳斯雕像。

再回到这块内蒙古戈壁石，可以想象，它躺在戈壁滩上，经历了千百万年来的飞沙走石、风吹日晒、严寒酷暑、雨雪交加、热胀冷缩的炼狱之后，它不仅没有被摧毁，反而逐渐褪去粗粝的锈色，演变为浑然天成、鬼斧神工、有着如同哥窑瓷器一般开片的精美绝伦的艺术品，只能说是天地造化了。展开联想，我仿佛听到它得意地笑了，万千世界，不仅你哥窑会开片，我也穿上了如此美丽的衣裳哦！"精美的石头会唱歌"，在这夜深人静之时，我真切地听见了从内蒙古茫茫戈壁传来一阵阵悠扬的长调……

心里放了块石头——

解玺璋

我不是个很有闲情逸致的人，所有的文人雅趣都几乎与我无关。有人可能会提到"藏书"。我收集的各式各样的书的确不少，总有几万册了，但我的目的不是为了收藏，而是觉得有用，完全是实用主义，就像我喝茶，是为解渴，绝不关乎"品"的雅趣。

所以，在我看来"无用"的东西，我都提不起兴趣。那次在云南水富县，有人提议到金沙江边去捡石头，我倒宁愿留在宾馆的房间里看书。我不觉得一块石头摆在我面前，我的精神或审美会得到什么愉悦。

当然也有例外。

最近，朋友拿来一块石头给我看。乍一看，这块椭圆形的石头并没有什么稀奇之处，他说你看这面的图纹，像不像一个穿长衫的人？我迟疑了一下，承认他说得不错，看上去还真是个人形。他又说，像不像个文人？经他一再启发，我的想象力

解玺璋

曾任《北京晚报》《北京日报》副刊、专刊编辑、主编，同心出版社常务副总编辑。高级编辑职称。北京作协理事会理事，理论和批评委员会副主任。中国评论家协会理事，北京评论家协会副主席。1985年加入北京作家协会，2008年加入中国作家协会。著有《喧嚣与寂寞》《说影》《五味书》《一个人的阅读史》《梁启超传》《张恨水传》等。

内蒙古戈壁石

似乎也觉醒了。我说，一片苍茫之中，一人遗世独立，倒让我想起一个人来，而且这个人还和一块石头有关。他问谁？我说贾宝玉。

他乐了，说说啊，愿闻其详。我说你看，整块石头，混沌如大地初始，浑浑噩噩，一人独立其中，我忽然想起贾政与宝玉最后相见的情景，微微的雪影里面一个人，光着头，赤着脚，身上披着一领大红猩猩毡的斗篷。

得到这个意象我很兴奋，我甚至有点喜欢这块石头了，觉得它能来到我的面前，说不好与我还是有些缘分的。其实，我对贾宝玉倒并非有多少好感，我感兴趣的，是曹雪芹笔下的那块石头。记得他有一首诗，咏的就是石头："爱此一拳石，玲珑出自然。溯源应太古，坠地更何年？有志归完璞，无才去补天。不求邀众赏，潇洒做顽仙。"

这首诗瞬间就从我的记忆深处跳了出来，我真是有点吃惊，因为它牵扯到一段十分遥远的经历。四十多年前，我还是个二十啷当岁的小青年，第一次读到这首诗，记得是在周汝昌先生的《红楼梦新证》中，还有对仗极工整的一联诗句，即"高山流水诗千首，明月清风酒一船"，是刻在一方砚台上，据说都是曹雪芹在《红楼梦》之外的作品。

当时，这首诗让我颇有些动心，现在想起来，我的生活态度有些是可以从这里找到根据的。年轻人羡慕无拘无束的生活，容易把这块"顽石"真的认作"顽仙"，想象得非常潇洒。这种想法其实是很幼稚的。日后的生活让我明白，人除非遗弃你所生活的这个社会，否则，你做不成这块"顽石"，也潇洒不起来。不过，有这样一块"顽石"放在心上，也许会让我们的生活和欲望及名利场保持一定的距离，不至于被它牵着鼻子走。这么些年，我想我过得还算随性，不太委屈自己，恐怕也是因为心里放了这块石头的缘故。

此石让我心动，其中的因缘或在这里。

石头有禅心
——
芮雪

芮雪

中国传媒大学和奥塔哥大
学双研究生毕业，北京杂
文协会会员。曾任报刊
和出版社编辑，出版图
书二十余本，并发表大
量文章。

有奇石从海上来。

千百万年前，断崖上的碎石滚落长岛海中，像一阵阵壮观的石雨，叩击着连绵起伏的海面，继而逐波漂荡，最终落入幽深的海底。在深居海底的岁月里，它们长了一颗颗不堪寂寞的心，石心。石头若有了心，就可思量万物，修成人形。人物石别于其他同修的石头，因为它们的故事，藏在表情里。

浪花的层层侵蚀，磨圆了一张张石的脸，色素离子又为它的脸勾了彩妆。于是那些石的色彩变得或明丽或含蓄，出落得优雅精致。它们跃跃欲试起来，渴望被有心之人识得，供于红尘喧嚣处，藏匿花间蝶忙时。终于，在无数偶然和必然的巧合中，它们离开了海底，启程了人间的悲欢。那些石头的表情因与人的相逢而愈加生动。

我认识的这块石，不知道历了几世的修行，多少个春秋，最后幻化成这样一张圆润的脸：似稚气未开，似返璞归真。一

长岛球石

只眼睁，一只眼闭。只看想看之事，只听想听之话。是非短长如流云散尽，人间欢爱如风吹去。它孑然一身，大隐于市。它不仅长了心，通人间情理；而且有了禅心，参破俗世恩怨。大多数同门想修成人形，它却想修炼成仙。看来它是阅尽繁华，不再留恋了。

面对这一块充满灵性的顽石，我不禁疑问，千百万年前它的表情也是这样吗，一出生时就仿佛在世间待了许久？还是它亦如人一样，是它的石心改变了它的脸？

石头若有心，就有了情。有了情，就该深谙这人世间的春夏秋冬了。石观春秋，我观石，似观一段万年前的往事。它既有过四季表情，也不枉这世间走一遭。

那一年春天，它的头还没有修成人形，它的脸是模糊的，像小婴儿熟睡在大山的子宫里。风儿吹过，它静静躺在草地上，不知道自己只是一块普通的石头，还是带着什么使命而来。"人生"这两个字并不存在，它不能言，却有着混沌却安静的脸。

那一年的夏天，外力促成了它的命运翻转。在它还懵懂的时候，它陡然跌落海里。巨浪冲刷，鱼儿游过，它不知道发生了什么。但是，它的脸开始躁动。是非之心出现时，它成了一颗沉重的石。尤其它感受到"欲望"充斥周身的时候，它的波折不断，开合已无法掌控，赐予与剥夺在撕扯。它的脸上写的是化不开的尘缘，眉毛和眼睛拧到一处。

那一年秋天，海水的嬗变和动荡让它疲惫了，它的脸在疲惫和反思中出现了人的形状。它头上的棱角不见了，圆融让它随波浪拍打时不再疼痛。它的眉目开始清晰，观世间之人的七情六欲，它感同身受。纵然一身道理，但是离通透还远。

那一年冬天，它将一只眼睛闭上，它悟道了。另一只眼睁着的时候，它看见的沙子已经不是沙子。它离修仙又近了一大步。它被人拾起，因它的表情里藏满了天机。靠天机可以获利，于是它又被带进一个人的家里来。所有的家在它看来一个样，乱哄哄地唱戏，真假二字，幸或不幸，别无其他。它不愿再看世间的诸多事了，它的心在修仙，不在如何处事为人。

又一年春天，带上一张画着禅心的脸，它从一个人的家里，再被送到另一个人的家里。有人开始将它视为宝贝，视为明镜。它让人间的人照见了自己的微小，照见了自己的贪婪，最后，照见了自己了悟之后的形貌。它修仙的目的是度人，它实现了。

就这样，它的时间凝固了春夏秋冬。它坐在小园深院，看春去春来，缘来缘往，生生不息。最终，一切都化在这张脸上。石头若有心，就有了表情；石头有禅心，所以万古宁静。

石有『猿人』见大奇

于海东

这是一个比北京周口店山顶洞人进化更早的"北京猿人"。

凝视这方来自距周口店一千二百公里开外的阿拉善大漠奇石，我的眼前总会浮现出两个猿与人容貌叠交的生命形象，一个是北京自然博物馆人类历史起源的一组由猿到人进化过程复原图谱中的"智人"，一个是位于北京周口店遗址门前的北京猿人半身塑像，后者同样定格在"智人"期。令我惊讶的是，三者的相貌与神态竟然高度相似，历史与现实意外重合的这一刻，巧妙地阐述了一个说法，即自然造化常常成为历史进程的预言者，大漠国石"小鸡出壳"如此，"岁月"如此，"北京猿人"更是如此，如此以石证史，实在大开眼界。

亿万年前的一次次地火喷发，戈壁滩上空成团的岩浆像成群的红色魂魄纷飞四落，然后冷却，然后生色，然后化形，藏

于海东

曾任职于中华全国总工会。三十岁前获过武汉军区文学创作奖、解放军总政治部对越自卫还击战报告文学奖；三十岁后获过人民日报、新华社等报刊诗歌、散文和新闻、内参作品奖。20世纪九十年代初期有多篇人物传记发表于《名人传记》杂志，有美术评论文章发表于《美术》杂志、人民画报、中国画报等，与人合著《招商局海员起义》一书。

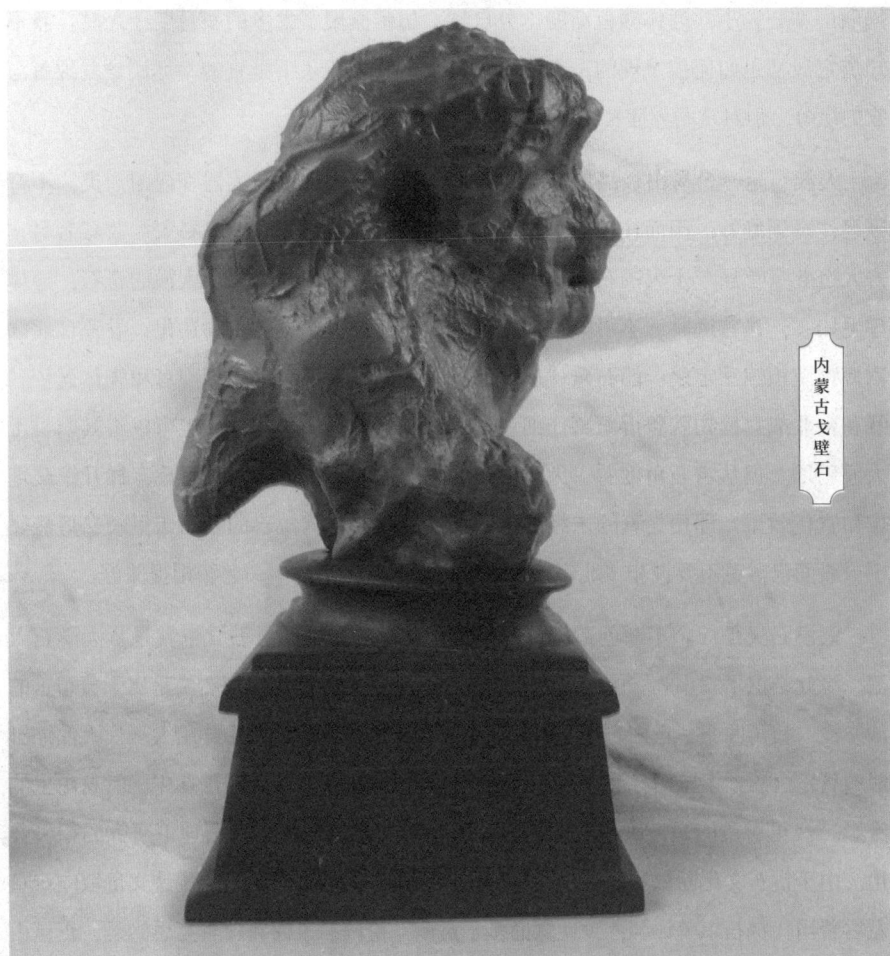

内蒙古戈壁石

身于黄沙大漠，昼沐日光，夜浴月华，历经无数春秋直到被偶然发现，成为赏石，成为奇石，成为石文化。我无法想象，在那一次决定命运的重生时刻，它究竟融合了多少偶然因素，才能凝神聚魄最终成就这般令人遐想无穷的完美自我：赤裸的肩头上披散着野性长发，隆张的眉骨间仍存几分半猿模样儿，习惯了直立后捕捉猎物的眼睛盯住前方，目光中有追索也有迷茫……上手后才发现，这是一块完整的大漠玛瑙，掌心大小，通体颜色渐变十分自然，仿佛凝聚了太多的岁月变迁之感。我不知道它最初是如何被发现的，在中国赏石文化的大背景下是它的幸运还是发现者与它的缘分，但对赏石界而言无疑都是难得之幸。

大漠石是一个易出极品象形石的石种，属于中国观赏石大器晚成的一类，不奇则已，奇则绝妙，因而往往成为赏石艺术的经典形象。如"北京猿人"收藏者另一方入选北京首届"十大国石"的缠丝玛瑙"雄狮"，同样是来自大漠的奇石，通体鬃毛如雪，昂首远眺，不可一世。正因为大漠石象形如真的生命造化，导致台北故宫博物院镇馆三宝之一的石雕"东坡肉"，因酷似大漠石常被围观者和媒体误传。我在台北故宫博物院曾近距离仔细观察过，如果套用广义一词，也可以将其归类于大漠玛瑙。但从赏石角度看，大漠奇石的魅力远非"东坡肉"石可比，抛开馆藏地位和宣传效果，即便是真的未经雕琢的大漠原石，在阿拉善的石商店里，它只能属于一般而已，更不要说和"北京猿人"这样从远古走来的生命之石相提并论。

大漠石又是一个不断创造天价的传奇。我写的第一篇赏石文章就是从大漠石入笔，缘此结识了"小鸡"的发现者张靖先生。他送给我的第一块石头是属于黄碧玉的沙漠漆，棱角曲张，自由自在，看似完全无视天地规则，恍惚中却给人一片大漠缩影般的苍茫之感。多年后，我在这片苍茫中还能想象出那个苦苦跋涉在中国赏石史上的身影。我更看重的是，大漠石崛起对中国赏石文化的发展和赏石理论研究的积极作用，由于赏石文化断层和石种局限等历史原因所致，雅石与雅赏的传统文玩取向一直左右着当代赏石审美评判，致使藏旧多于赏新，论旧多于评新。有意思的是，正是由于大漠奇石的灿然出世，使得一直纠缠于观赏石是发现艺术还是艺术作品的争论有了一个新的认同点，原因无二，那就是大漠象形石所展现出的真实性和唯一性，其象太像，其形太真，带给中国赏石界的视觉冲击太过强烈。这让我一再想起女作家丁玲的一本书主义，一本《太阳照在桑干河上》的文学巨著，同样可以给赏石界带来一个新的理念，即一方好石头的发现能够成就一位藏石大家，真正意义上的好石头，一生只要能坐拥一方就足够了。

　　虽然与"北京猿人"只是一面之缘，但比起其他几方大漠国石，"北京猿人"给我的印象更深。使我好奇的是，它之前竟然全无任何传闻，猜不出它最早是被如何发现的，但它是一个完美如真的存在。从赏石的欣赏角度看，由于它太像太真似乎少了审美考量，文化属性和艺术属性之外，则因此多了几分难得的历史属性，仅此一点，对中国赏石艺术标准的完善，无疑具有重要意义。从收藏角度看，类似"北京猿人"这样珍贵程度堪比"北京人"头盖骨的大奇之石，既是收藏者的机缘，亦是中国赏石的生命所在。

　　重归奇石究竟是不是艺术的话题，不能不说到美学大家王朝闻。虽然他也曾卷起裤腿河滩寻石，却不认可奇石属于艺术品，理由很简单，只有人创作出来的作品才是艺术品。这或许是王朝闻个人的想法，或许只是他在玩石头时随口而出，然而在很长时间里，这句话却成为当代中国赏石者的无形禁锢。其实，说奇石不是艺术品未必全对，说奇石是艺术品未必不对，赏石论石终究还要看石头像不像艺术品。石头雕刻成人物是艺术，石头长成人样儿又该怎么说呢？奇石有三品，一品象、二品形、三品神，与艺术作品的评判标准基本相同。只是不知道王朝闻有没有想过，人为创作与天地造化在艺术本质上有什么区别，人的有意而为或许要历经废纸三千，石的无意而成则往往瞬间一象，其创造性更强更独特。艺术之所以有品，无非贵在有象而立、有形而成、有神而出，相对而言，作为比较艺术的大漠奇石至少可以再次证明，在艺术创作上，人为因素不是唯一的主导力量，若以奇石论艺，会发现艺术的创造力无处不在、无所不能。

　　艺术是完全自我的创造，没有绝对定义也不应该有绝对定义。如果王朝闻先生还在，再好好看看类似"北京猿人"这些极具人文色彩的石之生命形象，他会不会还继续坚持自己曾经有过的观点呢？

石缘杂记——

刘德水

我不懂赏石。当年读《聊斋·石清虚》，对那位"好石，见佳者，不惜重直（值）"的邢云天，也曾心生敬佩，对那样的奇遇，每生艳羡之情，以至对"以身殉石"的结局，也颇觉无憾——能为爱而生，亦为爱而死，正是得其所哉，何憾之有？可是我出生的村子地处华北平原北端，距离最近的燕山支脉也有几十里，盖房筑基所用石料，尚需远途输运，想有嘉石寓目，直如天方夜谭。搜索枯肠，关于奇石，最早的记忆，是吾乡地下几米深处，有一种不规则的块状泥石，名曰"姜石"，俗称"姜石狗子"，顾名思义，形状、色彩，都酷似生姜，又像土狗。村民凿井浚河，常有发现，心仪者每每置于窗台，作为观赏。村中博物者曰："极似太湖石。"——那是我平生第一次听说"太湖石"。所谓"靡不有初"，这可算我最初的石缘吧。

后来，读书渐多，游历渐广，视野开阔，才知赏石之风，由来已久。最初的知识，得自当年读《水浒》，对"花石纲"一词，一直不明所以，查阅资料，才知道是宋朝皇帝大葺园林，网罗各地奇石而设置的运输编队。印象深的，是宋代叶梦得《石林燕语》卷十所记"石圣"米芾拜石的故事：

刘德水

文化学者，著名语文特级教师，正高级教师，北京市语文教学研究会理事长。

（芾）知无为军，初入州廨，见立石颇奇，喜曰："此足以当吾拜。"遂命左右取袍笏拜之，每呼曰"石丈"。

米芾为人，特立独行，多诡谲非常。此即呼石为丈（尊长），正可见其痴，也难怪旁人"传以为笑"。但张宗子云，"人无癖不可与交，以其无深情也"。所以，对米芾这样的痴人，我是从心里敬重的。后来，还专门请我的发小儿、画家贯会学画了一幅《米颠拜石图》，悬挂书斋，朝夕晤对，提醒自己，在物欲横流的当下，能多保持一点儿米芾般的赤子之心。

大概受米芾爱石故事的影响罢，此后，对"足当一拜"的奇石，我也留意起来。检点记忆，有以下一些。

其一，是颐和园乐寿堂前的"青芝岫"。那是一块巨型奇石，约有两间屋那么大，横卧于波浪纹青石座上，色青而润，形似灵芝。据说，明朝石痴米万钟在京西南房山的大石窝发现此石，钟爱之极，执意运归自己位于海淀的勺园别墅。只因石型巨大，以人畜之力实难移运，乃沿途凿井，三里一小井，五里一大井，冬季提水泼路成冰，借冰道之滑，移运此石。未料才到良乡，即已耗尽家财，只好弃置路旁，故人称"败家石"。又说乾隆祭奠西陵，返途见而爱之，遂移至清漪园乐寿堂前，题"神瑛""玉秀"四字，镌刻其上。又以其色青，赐名"青芝岫"。盖因"岫"字难认，民间仍称"败家石"。当年，第一次见到此石，是上初一的时候，老师带着我，从前门楼南打磨厂北晓顺胡同他的居所，骑车前往颐和园，引我一一游览各处景点，在此石前徘徊良久，给我背诵魏徵《谏太宗十思疏》："人君当神器之重，居域中之大，将崇极天之峻，永保无疆之休。不念居安思危，戒奢以俭，德不处其厚，情不胜其欲，斯亦伐根以求木茂，塞源而欲流长也。"彼时年少，懵懂无学，不明其意，而"败家"云云，至今言犹在耳。

其二，十几年前游齐鲁，在济南趵突泉旁，见一奇石，后经了解，竟是元代散曲大家张养浩所建别业"云庄"的遗物。张养浩是济南人，为官清正，归隐后在祖茔旁建云庄，其中有雪香林、绰然亭、云锦池、处士庵种种佳胜，正厅取名为"遂闲堂"。云锦池中豢养苍白二鹤，立奇石两峰，一名"玉云峰"，一名"挂月峰"。据说还有龙、凤、龟、麟四灵石，今所存仅为龟石，其余已不知所在。元明宗天历二年（1329），关中大旱，张养浩再被征召，任陕西行台中丞，为解民倒悬，积劳成疾，殁于任上。所作著名散曲《山坡羊》，传诵至今："峰峦如聚，波涛如怒，山河表里潼关路。望西都，意踟蹰，伤心秦汉经行处，宫阙万间都作了土。兴，百姓苦；亡，百姓苦。"趵突泉观澜亭的楹柱上，也悬挂着张养浩《咏趵突泉》诗的名句："三尺不消平地雪，四时常吼半天雷。"为当代山东军旅书家武中奇先生所书，运笔贲张，字势雄奇，可谓隔代珠璧了。

其三，多年前随京师语文界同仁到江浙游学，在当年曹雪芹舅祖李煦的苏州织造府旧地（今苏州十中校园），有幸得见著名的"瑞云峰"。这是我第一次见到真正的太湖石。瑞云峰与上海豫园的"玉玲珑"、杭州曲院风荷的"绉云峰"并称"江南三大名石"。石峰高5.12米，宽3.25米，厚1.3米，形如半月，多窍，玲珑剔透，涡洞相通，褶皱相叠，深合米芾瘦、皱、透、漏的相石之论，且四面可赏，袁宏道誉为"妍巧甲于江南"。据说，此石出自太湖西山岛，为宋徽宗花石纲大小"谢姑"中的"小谢姑"，几经辗转，于乾隆年间移至苏州织造府花园。1929年，大画家吴湖帆曾亲临此石，为其写照，并请当时文人以"瑞云浓"词牌填词题咏，邓邦述、吴曾源、吴梅、张茂炯、潘承谋等名士均有所作，为一时之盛。

也是那一次，在扬州瘦西湖小金山关帝殿前院，还见到一宋代"花石纲"遗物。此石为船形钟乳石，长两米有余，宽不及一米，横卧于太湖石底座上，周围参差凸起，中间低凹，呈盆形，内植蒲草、对节白蜡。雨天积水其中，观之峰峦倒映，绿意盈盈，真如天然山水盆景。只是制小形微，不及瑞云峰大气，更不及青芝岫粗砺刚伟。

除此之外，似乎也该说说自己的。然而说实话，尽管吾师张中行公屡次言及清代项莲生的名句："不为无益之事，何以遣有涯之生。"我对此也深信不疑，可是对玩石清供，尤其价格动辄千、万的所谓"雅石"，我出身寒微，且"素贫贱行乎贫贱"，向来不敢问津——面对那样一块石头，想到自己要几个月勒紧裤带，想到国家还在大打"脱贫攻坚战"，我心里是无论如何也"雅"不起来的——这哪里是清供，简直是"富供"啊。

话虽如此，也有例外，我也曾收藏一枚。时间是前年八月，酷热烦闷，与友人往新疆避暑散心，于边陲小镇布尔津一奇石店里，偶见一戈壁砾石，椭圆，形如鹅卵而略大，浑黑，油光，沉实致密，掂着感觉压手。竖立，上端靠前一青黄色圆斑，下面几条斜纹交错。谛视：圆斑竟如佛头，边围曲索如络腮须；中间则双眉紧锁，怒目圆睁，炯炯有神；其下为隆准，八字唇髭……历历如画，清晰可辨。我不禁心里惊呼：这是一尊天然达摩像啊！当即紧握，不再撒手。问价，店主出一百元。我未动声色，回价五十，最后以六十元成交。然后指示他看：头眼，眉目，须鼻；相交斜纹，恰为袈裟衣纹。远观近视，都是一幅达摩沉思图！店主也目瞪口呆，连连称是。"现在"我问多少钱。"少一千五不卖！"店主斩钉截铁，转而又愧悔无奈，苦笑道："这尊石像，与您有缘！"

返途中，爱抚着手中宝物，深叹自然造化，鬼斧神工，真是神奇之至！新疆半月，余不足道，有此石缘，即不虚此行也。

回家后，难禁得意，屡示同好，分享奇缘。砚雕大师王耀兄以整块金丝楠木为制精美底座儿，北京画院著名画家怀一兄特为作《达摩面壁图》一帧。石、座、画，合为"三美"，成为寒斋"三馀书屋"的珍藏。每有闲暇，谛视此宝，生旅奇缘，友朋深情，加之达摩祖师面壁十年的坚忍故事，都一齐涌入心间，既温暖，又励志。不禁想：此宝连带诸般故事，庶几可传之子孙矣。

其实，大千世界，无奇不有，所在多矣，固何有于我哉？只是因为某些事物与人的经历、际遇或审美趣好有关，其中便寄寓了某种情愫，我们可以睹其物而见其事、想其人，聊发思古之幽情。人，便超越了孔夫子"逝者如斯夫"的川上之叹，得以在更广阔的时空里驰骋自己的情思。于是，这些原本于我何有哉的东西，就与我们有了某种缘分，乃至具有了血肉、生命，在我们的眼里鲜活起来；也于是就有了殊可宝贵、"足当一拜"的价值，以至成为珍玩、雅好。对这种雅好，我虽俗人，也是尊敬有加。

在我所认识的奇石爱好者中，老编辑马兄就是一位令人敬重的真赏家。他在编报之余，雅爱奇石，收藏颇丰。尤其可贵者，是他的收藏，用旧语说是"不由恒蹊"，走的不是当今为数不少的搜奇炫富的一路。他也买，可都是价不高（大概也买不起）而自己喜欢的，或石质佳美，或石形特别，或图案瑰奇。但更多的是经行所遇，路边河畔，山谷林间，他的慧眼，总有发现。记得今年腊八那天，他出门散步，就捡到一块木化石。

笔记曰：看似不起眼，经过深思，又觉不简单。一亿年前深埋地层里的树木细胞逐渐被石髓、蛋白石所置换，今天看到的，只是保留了树木的外观，实质已经是不朽的宝石。令人敬畏、惊叹的是，这亿万年的置换过程，它是怎么熬过来的。想到此，没喝到八宝粥的纠结顿时化解。

这样的奇遇，令人艳羡。这样的文字，发人深思——这已经不是发思古之幽情，而是在思考宇宙万物的形成与演变，神飞太古，思骛八极，物与我而合一了。每想到他玩石的视野之阔、胸襟之博，我心里都不得不暗说一声："惭愧！"

　　日前他出示一枚近藏嘉石，也是行旅所遇。石种是内蒙古戈壁石中的千层石，石质紧密润泽，石色黑红相间，层层叠叠，厚积逾尺。倘为庸人所见，一定会想到台北故宫博物院所藏"肉形石"，好事者大概还会美其名曰"东坡肉"，但那只是慈禧老佛爷的眼中之物，冠以"东坡"之名，实在有辱斯文。其实，此石之可贵，不在其他，正在石之自身——形成于数亿年前，历经沧桑，饱受压榨折磨，才达到今天完全玉化的程度，即如马兄所叹："这亿万年的置换过程，它是怎么熬过来的！"这样一块奇石，置于案头，巍峨耸立，不仅可赏其气势雄伟，更能让人想到此生的微渺、宇宙的无穷。正如东坡先生面对赤壁所思："寄蜉蝣于天地，渺沧海之一粟。"那么，此石提供给我们的，就不止于审美的享受，更有人生的哲思。这种精神文化层面的收获，岂可以金钱衡量？不过，个中义理，大概也是"可为知者道，难与俗人言"。质之益群兄，不知以为然否？

　　结尾扣题，回头再说石缘。想到昔日读《论语·阳货》中的一句："不曰坚乎？磨而不磷。不曰白乎？涅而不缁。"我不学，未能如乾嘉学人那样深入考证，总觉得孔夫子这里说的，当是一种坚硬、洁白的美石。从那时起，就始终坚信，夫子的"坚""白"二字，乃是对石德、石性最早、最确的评价。为此，在"三馀书屋"之外，我还给寒斋取了另外一个名号——"坚白斋"，并请书法家薛夫彬先生题写了斋额，高悬斋壁，以此自勉。这也可算石缘之一说吧。

说不完的奇石故事——『拜石人』

石一凡

　　"20世纪90年代末，我爱上了'石头'。从此，我也找到了自己的'精神归宿'。"奇石，自古就作为案上、园中的清玩雅供而备受文人墨客的追捧。而在当今的收藏圈儿里，也有这么一群对奇石痴迷的爱好者，为了获得"第一手"的奇石，他们不畏艰辛，来到条件恶劣的奇石产地"寻石"，中国民间文艺家协会奇石专业委员会会长张东林便是其中的一个代表。十几年前，他筹得百万以"天价"迎回一块令人拍案叫绝的广西大化石——"中国虎"；十几年中，他七次"闯进"大漠，找寻大漠奇石，这位"拜石人"与奇石的故事说不完。

石一凡

作家，资深媒体人。

广西大化石

"天价"竞得"中国虎"

广西柳州是一座天下闻名的中国天然奇石城，有"中华石都"的美称。从1999年起，柳州国际奇石节每两年举办一届，成了国内不少奇石爱好者淘宝的重要活动。在2018年举办的第十届柳州国际奇石节上，有一块大化彩玉石备受瞩目，那就是在奇石界曾名噪一时的"中国虎"。

说起这"中国虎"与张东林的缘分，要追溯到15年前了。2003年，张东林第一次慕名来到第三届柳州国际奇石节，便听说在大化石产地——盐滩电站附近河段，发现了一块极为罕见的大化彩玉石，形似一头老虎。"这个大化石出产于红水河岩滩及水底，由于水流的冲刷，多呈规则的方或圆形状，带'造型'的就很少了，能够象形的更是非常罕见。"听到发现"老虎"大化石的消息，张东林非常激动，立刻决定到现场一探究竟。

但当时产地在距离柳州800多公里以外，地处偏僻，路途遥远，且广西地貌复杂、地形崎岖，所以一路颠簸异常。清晨6点，张东林一行驱车前往，到了晚上8点终于赶到了现场。一看到"中国虎"，张东林的目光立刻就被它吸引住了，"在我看来，这是一个质、形、色都无可挑剔的自然杰作"，眼前的"中国虎"造型奇伟、色彩飞扬，很像一只昂首长啸、雄姿英发的斑斓猛虎，其姿态灵动、充满昂扬向上的澎湃活力。张东林当场决定，一定要将它纳入自己的收藏。

不过，这传奇的"中国虎"名声远播，已经有许多爱好者闻讯赶来。当时，跟张东林同台竞价的还有十几位"准买家"。经过长达7天价格上的"切磋"，加上14天奔走筹款，最终，张东林如愿迎回了自己的"中国虎"。"买下'中国虎'，我花了七位数，在十几年前数百万那可算得一笔巨款。"

自从"中国虎"随张东林回到北京，他几乎无一日不摩挲、对话："十几年的相处中，我感觉和它已经成了'好朋友'，我甚至给自己起了一个号——'拜石人'，从对奇石的崇拜中感悟对大自然的敬畏。"

为捡石七度"闯"大漠

张东林欣赏南方水石——大化石的温柔、雅致，也喜欢北方大漠石的粗犷和豪迈。从2004年开始接触大漠石，自此一发不可收拾，"每年有三分之二的时间，不是在奇石产地，就是在全国各地与奇石圈中人交流。光是到戈壁寻石，前前后后就去了7次"。

2005年，为了寻找满意的戈壁石，张东林一行数人进入了内蒙古银根苏木的沙漠，"方圆两三百里地荒无人烟、寸草不生，两三天见不到一个人影，这时候能见到一只动物也是令人兴奋的"。这次历时14天的"捡石"行动却慢慢演化成了一次迷失沙漠的"历险记"。

从牧民处得知了在深入沙漠近250公里的地方有许多石头，张东林一行人立马兴冲冲地驱车赶往。到达目的地，大家马上分头找石头。专心寻找的张东林与人群越走越远，"当时并没有在意，抬头看看天，太阳还很高呢"。由于海拔较高，沙漠的气象跟平原不一样，天说黑就黑。张东林回身四顾，发现已经找不到同伴的身影，顿时焦急起来。

幸而，张东林曾经是军人，凭着过硬的心理素质，他渐渐平静下来。为了活命，他一定要靠自己走出沙漠。"我们是由南向北进入沙漠的，如果我沿着北斗星座相反的方向走，就会回到原来的地方。"张东林战战兢兢地走了100多里地，终于找到了来时经过的一条小路。

此时已是凌晨四点，已经找寻了一夜的同伴，终于在这条路上，"捡"回了张东林。历经这么多考验，张东林从大漠中带回了许许多多值得珍藏的"宝物"，而其中最让张东林得意的要数一只"和平鸽"。这只"和平鸽"属于楼兰漠玉质地，是雅丹地貌环境下海底火山喷发，后经大漠地区风沙磨砺形成。石头上半部分晶莹剔透，下半部分则呈白色不透明状。从正面看如同一只高昂着头，准备展翅飞翔的和平鸽，从背面则像一尊慈眉善目的卧佛。"造型的惟妙惟肖，让人不得不感叹天工造物的神奇。"

奇石协会让石友聚起来

"中国的奇石爱好者虽然人数众多，但零零散散缺乏统一的组织。奇石的赏鉴也缺乏统一的标准。"为解决行业内存在的问题，张东林组织国内奇石收藏界的一批知名人士，于2004年6月正式成立中国民间文艺家协会奇石专业艺术委员会，为尚在起步阶段的中国观赏石事业充当开路先锋。

除了系统普及大众奇石知识以外，张东林还邀请有关大学和机构的专业人员系统研究中国观赏石分布及地质成因，并以此制定科学严谨的观赏石鉴定标准，致力于把赏石这种原本被人们认为"小众化"的闲情逸致推上中国自然艺术鉴赏的大雅之堂。

2006年，奇石协会组织举办了"中国十大国石"的评选。经委员会精挑细选，由国内著名赏石专家反复论证评比，"中国十大国石"终于横空出世了。"仅'海选'就历时一年，来自全国的几十万枚精品奇石历经了'万里挑一'的艰难角逐。"

为给"十大国石"评选增色，协会"求贤若渴"。而这精益求精的过程中，不乏令张东林记忆犹新的故事。比如，北京奥运会前夕，为迎神似"北京奥运福娃"的奇石"出山"，张东林就曾"三顾茅庐"。这枚神奇的石头是在燕山主峰——雾灵山被发现的，形成于数亿年前。专家称，它是一枚平谷金海湖产鹅卵石，石界称之为"金海石"。而它的称奇之处在于黄白色的石体中央显出一个美丽的小姑娘，酷似"奥运福娃"，头顶两条小辫子，两只卡通大眼睛透出的俏皮美丽自然天成，灵动而传神。这块奇石曾让奥运福娃的创作者韩美林大师都爱不释手，成为中国画面象形石的一个经典。

"根据协会统计，2018年，中国各地举办石展915次。在艺术品市场的活动中，奇石可以说是十分活跃且别具风格。"张东林表示，看上去"小众"的奇石收藏并不冷门，从近期情况来看，或可说是"生机涌动"。

门
外
说
石
——

谭
宗
远

谭宗远

现任《芳草地》杂
志主编。中国作家
协会会员。出版有
随笔集《风景旧曾
谙》《卧读偶拾》
《文人影》等。

广袤无垠的大地，主要是由岩石、泥土和水构成的。泥土和水的作用谁都知道，能够化育万物，使大地变得欣欣向荣，生机无限，一片葱茏。而石头冰冷坚硬，既不能当饭吃，又不能当水喝，有何用处呢？

殊不知，石头的用处大了去了。

不用翻书，光凭脑子想，我们就能说出石头的一些妙用，如建造房屋、铺设道路，如修筑堤坝、架设桥梁，如修筑梯田、雕刻人像、建造纪念碑等等。多年前我到河南林县（现在叫林州市）参观举世闻名的红旗渠，发现那不光是劈山引水的壮举，也是用石头创造的奇迹。一条条大河，就是沿着两排石头砌成的河岸流过来的。那河岸的石头不可胜数，全是农民兄弟从山上开采下来，又经石工一锤一钎凿得见棱见角、方方正正，再一块一块码上去的。无论谁看了这人间奇迹，都会发出由衷的赞叹。

石头的用处还不止于此，它还能营造出宏大的景观。云南有个路南石林，据说跟阿诗玛的故事有关，我只看到过照片，是一片石头的森林，非常壮观。还有太湖石，看去玲珑剔透的，可如果堆叠

孔雀石

一大片，也能形成很大的气势。至于峻拔的高山就更不用说了，石是山之骨，没有岩石，光靠泥土，是决然形不成三山五岳，更不会有雄踞于世界屋脊之上的珠穆朗玛峰的。多年前（又是一个多年前）我去湖南的张家界旅游，那里的山与别处的山迥异其趣，千形万状，鬼斧神工，是风这个雕刻家，把它雕成了这副模样。张家界由此成了美不胜收的天作盆景，摆在地球之上，供人观赏，令人惊叹。那里的石头，每一块都是通灵宝玉。

到海边或湖边再去看看。辽阔的海面和湖面，有船在航行，有帆在移动，有水鸟在飞翔，这一切固然好看，但是船、帆、鸟都是动的，一旦消失了，水面上空无一物，就显得寂寥而单调了。这时候，你就会想，眼前要是有一两座岛屿该多好，水面就不那么空旷了，就显得有层次有活力得多。尽管这岛屿上不一定要有植物，也不一定要有人烟。海边礁石也如是，虽然坑坑洼洼的，什么也不长，却也是必要的点缀，海边少它不得。坐在礁石上，看排排海浪奔涌而来，撞在礁石上，千百朵浪花激扬飞溅，发出哗哗的声响，不也是一种享受吗？

说来说去一句话，要是没有石头，这世界许多事情就办不成，大自然的美景也会大打折扣。更何况，我从一本书上看到，说泥土也是从石头演变而来的（当然要经过漫长的岁月），若是没有石头，连万物生长都将受到限制。

再往小了说，若是没有石头，那么多爱石的君子，可到哪里找赏玩石头的乐子去？

我不知道人们钟爱石头起于何时，一定是从很古的时候就开始了，这才会有楚人卞和向楚国的国君厉王、武王、文王三献璞玉的故事，也才有了闻名遐迩的和氏之璧、传国玉玺。卞和显然就是个爱石之人。他不光懂石头，更懂美玉，而且不顾个人安危，被砍了脚还矢志不渝地继续献玉，不达目的不罢休。不是深通玉石之道，不是爱石爱得发疯，是不会这么执着的。他以后，恐怕再没人爱石能爱到他那个地步了。

再一个爱石之人，是书法家米芾米元章。宋人费衮在《梁谿漫志》中说："米元章守濡须，闻有怪石在河埮，莫知其所自来，人以为异而不敢取。公（即米芾）命移至州治，为燕游之玩。石至而惊，遽命设席，拜于庭下曰：'吾欲见石兄二十年矣！'言者以为罪，坐是罢去。"你看多么痴，不光派人把石头运到自己的办公之所，还设了席向石头下拜，称其为兄。这块石头肯定非常特别，文中只说其"怪"，米芾见了一"惊"，但怪到什么程度没有说。从米芾称其为兄上可以看出，此石绝非凡品。这位老先生真太有意思了。但文人的洒脱无羁却让他丢了官，这或许是他没有料到的。我倒是认为：他的上司一定古板而无趣，区区拜石小事，不过是玩玩而已，顶多说一句"注意影响"也就是了，何至于罢官呀。

比米元章稍早的欧阳修，也曾得到过一块奇石。那是他当滁州太守时，听说菱溪有一块石头，其色"绀碧""有孔窍""偃然僵卧于溪侧……溪旁人见其可怪，往往祀以为神"。欧阳修也把这块石头运了回来。但他没有放在自己办公的衙署，更没有对其下拜称兄，而是将其摆在了丰乐亭一侧。大概嫌其孤单，又找了一个较小的石头，立在亭的另一侧，与它做伴。两石南北对峙，"以为滁人岁时嬉游之好"。他为此写了一诗一文，诗中写到石头的来历，一说是女娲补天剩下的，一说是燧人氏钻石取火用过的，一说是从新疆于阗流入中国的。他主张好东西不必据为己有，应该把它展示出来，让老百姓也能见到。这就是他把奇石摆在亭侧的理由。

　　不管怎么说，历史长河流淌至今，赏石玩石的人是越来越多了。连我这不玩石头的，家里也摆了一个上水石和一块上面雕着悬空寺的煤石（是一位八十岁老人送到办公室给我的）。石头的故事也时有所闻。张中行老在世时讲过，他念大学时，在地摊见过一块鸡血石的印章，"满红"（老先生用的就是这个词），只卖几块钱，他喜欢得不得了，可兜里没钱，抱憾而去，几十年一直念念不忘。还有一位画家，喜欢雨花石，有一回在外省赶上工人钻探，多少米打下去，喷出来的全是五光十色的石子，他欣喜若狂地装了几麻袋，却实在拿不动，只好一遍遍忍痛割爱，最后只扛走半麻袋。还有一位以画金鱼著称的画家，收藏的石头都论吨，专门给石头租了个库房。他的藏品我看过一些，印象中有一块石头，上面的图案活像孔老夫子，还有一块石头，图案是红日出东海。这些图案不是谁画上去的，而是天然形成的，所以极为珍贵。

　　看了上文您就知道，赏石玩石的石，并非一种，可以说什么石头都有，寿山田黄、和田玉、水晶石、雨花石、灵璧石、巴林石……大多数我都叫不上名字。赏的也不见得是图案、颜色，也有喜其造型的，也有喜其细腻的，也有喜其粗糙的，也有喜其石上雕刻的花鸟草虫的，各有所爱。将近二十年前，我和几位朋友去过一次陕北，回程取道银川返京。银川离内蒙古的阿拉善不远，翻过贺兰山便是。因为时间关系，只会到了几位石友，记得在一位石友家里，我第一次看到了肉石，那真像是一块冻肉，有脂肪有肌理，红的红，白的白，太逼真了。

　　生于大漠的石头，天天被日光暴晒，被狂风击打，被砂砾摩擦，日积月累，年复一年，其粗豪坚韧、宁折不弯，是一般石头所无法比拟的。这就像历史上那些有信仰有骨气的志士仁人，"富贵不能淫，贫贱不能移，威武不能屈"，是"人中之精英，铁中之铮铮"。经过如此磨难，大漠奇石"吃得苦中苦，方为石上石"，其晶莹润泽如玛瑙的地方，一定是受难最多的地方，像镜面和珍珠一样光滑；而其粗糙无比的地方，也一定如一张干枯的满是皱痕的老脸般饱经忧患。这种强烈的对比，应该说不仅是大漠奇石所独具的，也正是大漠奇石的魅力所在。

天工造化长江石——

盛学伦

盛学伦

曾任水富县委常委、宣传部部长，现为昭通市文联副主席。

人言：玩物丧志。我说：玩物养心。漫漫人生路，没有点可玩之物、玩物之乐，日子干巴枯燥瘦骨嶙峋的，且不少了很多生的滋味、活的趣味？

原先，我养动物、养花草，花钱费米不说，还麻烦得不行！于是我都不养了，结论是：有钱不养活物。那养什么好呢？我养石。

水富，云南的北大门，地处乌蒙山北麓、四川盆地南缘，雄浑咆哮的金沙江至此变得平缓柔顺，再加从云贵高原匆匆而来的横江河，它们为水富带来了非常丰富的鹅卵石资源，我们当地人叫油光石。20世纪八九十年代，水富人渐渐兴起赏玩奇石之风。在这股"风"的裹挟之下，我也毫不迟疑地一个猛子扎下去，至今不能自拔，也无意自拔。

长江奇石好爱人。它们，实际上是两边山上滚落在江河中被水流冲洗了成千上万年的石头，由于内部质地的不同，或附着上其他色料，自然形成各种各样的造型或图案，而这些可解读可欣赏的石头，就是人们所说的奇石了。

长江石

　　长江奇石是天赐瑰宝，主要产在巧家以下、重庆以上的金沙江和长江及其支流。再上游，石大质粗；再下段，则个头小资源缺。比如南京，就只有赏玩雨花石了。

　　长江奇石品种繁多，有各种各样的造型石，更多的是画面石：烫化石、草花石、紫砂石、丹彩石、绿泥石、芙蓉石、牧羊石、墨画石、金边红、浮雕石、螺钿石、红蜡石、文字石……名堂多得让人眼花缭乱。赏玩长江奇石的最大好处是易得好养。只要你有时间，随便在江边渍坝，都可以找到你心仪的石头；当然，你还可以在网上淘。而保养呢，既不用浇水打药，也不用喂食施肥，有时间用湿布擦拭干净即可，实在是我等懒人的最爱。

　　长江奇石的收藏历史久远。曾在戎州（今宜宾）做官的北宋大文豪黄庭坚写有《戏答王献可居士赠文石》诗："南极一星天九秋，自埋光影落江流。是公至乐江中物，乞与衰翁似暗投。"清代文人张问陶也有诗曰："一山瘦削苍龙角，知是清溪第九峰。仿佛过江寻彩石，燃犀事下水溶溶。"

　　自然造化、鬼斧神工的长江奇石是水富的一张亮丽的文化名片。前几年，水富在西部大峡谷温泉旁边，利用向家坝水电站库区移民的安置房，打造长江奇石城，吸引长江沿线甚至全国各地的石商入驻，水富俨然成为西南最大的奇石集散基地。西南最大奇石城，就在云南北大门。如果你喜欢奇石，来水富的奇石城，一定能给你不同的感受和惊喜。

凡文化人，没有不爱长江奇石的。当然，玩石也非常讲究缘分，包括人与石的缘分，人与人的缘分，石与石的缘分，其间的乐趣不是三言两语说得清楚的。那这枚长江紫砂石"问禅"又与藏家有一种什么样的缘分呢？长江河道的紫砂石质较粗，极不易形成图案，能形成可读可赏图案的更少。"问禅"，为不同石质的两种紫砂岩伴生而成，底石质地较粗而疏松，图案部分稍细而密实，最为可观的是左边那个人，头秃腰躬，宽袍大袖，好一个作揖僧的形象跃然其上；右边呢，你可以读为一个从头至脚着袍的高僧，也可看成一只富禅含机的动物，那僧人正虔诚向他或它参禅问道呢，怎不让人不拍案叫绝！

让我以上海诗人瑞箫在水富赏石所赋之诗作结吧：

一生在山水间徜徉

会不会真的遇到

相同的一块石头

天地万物化育

时间凝聚的一团尘埃

同样的天地赋予它不同的造型

同样的流水赐给它不同的呼吸

逝者如斯

同一条大河从古至今

日夜川流不息

被金沙江水激活的

同一块顽石

渐渐呈现出水流的画面

这是一块石头和一条江水的全部恋爱史

石头有灵

听说它的灵魂也是水做的

因水而来的生命

因水而富饶繁盛

汪老赠宝

李迪

　　朋友收藏的一枚奇石，一下触动了我，勾起一段难以忘怀的往事。这块石头也给你吧，汪老说，你可以找人刻个闲章。汪老给我的这块石头，是赤峰鸡血石。打磨过，适合做章料或雕件。为什么他说"也给"呢，因为他同时还送我一幅墨宝。以石忆故，或说墨宝追昔，岁月沧桑，　　东逝。那是1991年春天，我初见汪老，汪曾祺。时年，

　　我随作家代表团赴云南采风，接待方是玉溪红塔山卷烟厂，厂长褚时健。因此，此次滇云之行又叫"红塔山笔会"。这个笔会后来又举办了第二届，那是1997年。除第一届笔会参加者外，还有后来获得"安徒生奖"的曹文轩等作家。其时褚时健蒙冤，没能参加接待。后来，老褚东山再起，承包荒山种橙子，二次创业大获成功。"中国烟草之王"成为"中国橙王"。其品牌"褚橙"供不应求。"褚橙"这个名字，还是我的老战友、中国作协副主席高洪波给起的。这是后话。

　　当年，高洪波是我们这个代表团的副团长，团长是冯牧。代表团中有李瑛、汪曾祺、凌力、陆星儿、黄培佳、李林栋、高伟、周桐淦、张守仁、饶山壁等十数人。

李迪

1984年加入中国作家协会。中国报告文学学会理事。写作出版《野蜂出没的山谷》《枪从背后打来》《丹东看守所的故事》《警官王快乐》《宣传队》《凌晨探案》《004号水井房》《听李迪讲中国警察的故事》等中长篇小说、报告文学三十余部。多部作品拍摄成电影、电视剧，荣获国家多项文学奖及中国新闻报告文学金奖、"三个一百"原创图书出版工程奖、公安部金盾文学奖。写于二十世纪八十年代的代表作《傍晚敲门的女人》，相继在俄罗斯、法国、韩国出版，开创了中国推理小说走向世界之先河。

内蒙古戈壁石

如今，冯牧、汪老、凌力、陆星儿等一代名流，都已作古。

岁月悠悠，思念久久。

在接待方的完美安排下，代表团泛舟星云湖，乘车入云端。一路上，汪老妙语连珠，让我等无拘无束，很快被他的幽默擒住，成了铁杆汪丝。饮料太甜，他说："我担心喝下去以后会不会变成果脯？"泼水节被浇成落汤鸡，他说："我被祝福得淋漓尽致！"登山崴了脚被迫拄杖跛行，他说："一失足成千古恨！"说到戒烟，他更是大嘴咧成瓢："宁减十年寿，不忘红塔山！"

汪老被誉为"中国最后一个士大夫"，以其空灵、含蓄、淡远的美文跨越几个时代，绚烂之极归于平淡，小说、散文、戏剧无不匠心独具笔下有神。《受戒》《大淖记事》等名篇自不必说，经他改编的京剧《沙家浜》可谓家喻户晓。阿庆嫂的著名唱段："垒起七星灶，铜壶煮三江，摆开八仙桌，招待十六方，来的都是客，全凭嘴一张。"竟是用一组数字组成。始信汪老为学，除国文外，数学也不含糊。更有一手好字画，酒后挥毫满纸生香。汪老懂医道，喜美食，且又说又练亲自下厨，之后还要写进文章里，"我做的烧小萝卜确实好吃，因为是用干贝烧的"，客人"吃得非常开心，最后连汤汁都端起来喝了"。这个客人，也含我一个。那年冬天。我和爱人去汪老位于北京蒲黄榆的"蜗居"看望，开得门时，却见他足套一双老北京"大毛窝"，怪异却暖和。我们才坐定，他突然自顾自回了里屋。当再次现身，足下换了一双是样儿的皮鞋。

汪老为文，没有轰轰烈烈，没有电闪雷鸣，凡人小事，掌故旧闻，民俗乡情，花鸟鱼虫。从小的视角揳入，把自己独特的对人对事的领悟与审美，以不事雕琢的妙笔，娓娓叙来。不紧不慢，如茧中抽丝，似柳梢挂雾。引人入胜，使人沉醉，给你恬淡闲适，让你净化升华。尤其是藏于质朴如泥的文字中的幽默，更令人忍俊不禁，透出恩师沈从文的真传，透出他的达观快乐。即使身处逆境，被打为右派，他仍是一个快乐的老头儿，心境释然，下笔风趣。

回想汪老的风趣，与他同行的快乐再浮眼前。

那天，畅游星云湖，我因眼疾未愈，遵医嘱戴墨镜以护。岂料高原烈日实在爱我，船至湖心，原本白嫩的脸已烤成花瓜，如是当年汪老画的马铃薯，应该已经能吃了。特别是制高点鼻梁儿，更是五彩缤纷。当我摘镜擦汗时，一船人笑成傻瓜。原来，镜后两片雪白与镜外一脸红黑形成绝世奇观。

汪老边笑边说，李迪啊，我为你写照八个字："有镜藏眼，无地容鼻"。

众人再掀笑浪。

过后，我对汪老说，我向您求这八个字，行吗？

汪老欣然。是夜，陈纸挥毫，不但以独特汪体潇洒写下这八个大字，还陪嫁一段美文：

李迪眼有宿疾，滇西日照甚烈，乃戴墨镜。而其鼻准暴露在外，晒得艳若桃花。或有赞美其鼻者，李迪掩鼻俯首曰，无地自容，无地自容。席间，偶作谐语。李迪甚喜，以为是其滇西之行嘱为书之。

一九九一年四月下旬汪曾祺记。

落款加印，右上压一闲章："人书俱老"。

现在，这幅墨宝，装裱入框，悬于我家客厅兼书房壁上。每日仰观，感慨万千。不仅思念往事，更从写照中悟出人贵有自知之明的道理。我想，这也许是快乐的汪老当初题词时没有想到的吧！

那年离滇返京前夜，汪老举着酒杯走到我们面前说，我们啊，我们这些人是多么善良！为了这个善良，我们付出得太多、太多了！

说完，他老泪纵横。

1997年5月16日，汪老仙逝于京。

在圣桑的大提琴独奏曲《天鹅》那高贵典雅的旋律中，他安睡花丛。我向他献上一朵红玫瑰。

泪眼模糊中，又想起难忘的滇云之行。

汪老生于江苏高邮，因秦始皇当年择高地建邮亭而得名。其笔下的文游台、大淖、荠荠庵凝聚无尽故乡情，巧云、小英子、明海和尚蕴含深切邻里爱。那年滇行路上，我对汪老说，高邮出名，除了秦少游，就是您了！汪老笑成大牡丹，说我只能排老三，前头还有高邮鸭蛋呢。打一个双黄，再打一个还双黄！你们看，我脑袋像不像鸭蛋？都是小时候吃鸭蛋吃的，朝朝暮暮吃！

同行者笑声如痴。

一晃，过去小三十年了！

汪老送的鸡血石，我一直舍不得刻章。

摆在书柜里。摆在他的著作旁。

现在，如按汪老说的刻一枚闲章，也要刻"人书俱老"了。

因为，今年，我也步入七十一。正如我当年遇到他老人家时一样。

吾生尤好石
——

付
裕

付裕

中国艺术研究院艺术史博士，艺术史研究者，英国宝石协会和宝石检测实验室珠宝鉴定师（FGA），中国地质大学珠宝学院珠宝鉴定师及钻石分级师（GIC）。

1963年，沈钧儒之女沈谱做了一个特别的决定，那就是，将父亲沈钧儒一生最爱的藏品，捐献给国家。于是，在中国国家博物馆的展厅中，始终呈现着一件特别的藏品，记录下沈老与石的渊源，那就是他的斋号——与石居。

当代藏石家以沈钧儒先生最为著名，沈钧儒一生虽著述颇丰，然而嗜石成癖，他的书斋里，除四壁书籍经典之外，最多的就是各种各样、大大小小的石头。

1939年，沈钧儒自题诗一首，说明了他爱石、藏石的原因。

吾生尤好石，谓是取其坚。

掇拾满吾居，安然伴石眠。

至小莫能破，至刚塞天渊。

深识无苟同，涉迹渐戈戋。

据沈钧儒之孙沈宽回忆，沈钧儒把每块石头都奉为宝贝，在他的书桌上、几案上，也都放着石头。而且，每块石头底下都有一小段文字说明，有的是用钢笔写的，有的则是用蝇头小楷写的。

　　沈钧儒爱石如宝，更重要的是用石头的精神来激励自己。他甚至把自己的书斋命名为"与石居"，这也成就一时的佳话。

　　1940年5月，沈钧儒请于右任为其题写斋额及词一首于手卷，于右任写道："衡山兄爱石成性，所至选石携陶陈列室中，以为旅行纪念，为题斋额，并缀于词。"

　　这首词也颇有趣味，词云："求石友，伴髯翁，取不伤廉，用不穷，会见降旗来眼底，石头城下庆成功。"

　　这则斋额，写出沈钧儒集石藏石与众不同的特点，就是"以为旅行纪念"。也就是说，沈钧儒藏石，并非购得，而是"拾得"，所以，郭沫若说沈老凡游迹所至，必拾取一二小石归，以为纪念。

　　1900年，沈钧儒父亲去世，25岁的沈钧儒到陕西创办印书局，畅谈维新运动。彼时，他就曾跑到汉水襄河捡过石头。此后，他在贵州安顺、广西百色、甘肃玉门、辽宁沈阳等处捡过石头。新中国成立以后，他依然如此。在鸭绿江边国界桥下、在罗盛教烈士陵墓处，甚至在北戴河洗海水浴时，他还从鹰角石海滩拣回一块大石头。此石红白相间，点缀有一些云母似的小星点，沈钧儒一直把它放在案头，朝夕相伴……

也是因为如此，郭沫若曾经在致沈钧儒的手卷上写下《水龙吟》词上阕：

商盘孔鼎无存，禹碑本是升庵造。古香已逸，豪情待冶，将何所好？踏遍天涯，秦关汉月，雪泥鸿爪，有如神志气，长随书剑，时滕以，一拳小。

浑如风清月皎，会心时点头微笑。轻灵可转，坚贞难易，良堪拜倒。贬穴支机，补天填海，万般都妙，看泰山成厉，再劳拾取，为翁居料。

此后梁寒操、冯玉祥、李济深、黄炎培、茅盾等又相继在手卷上题字或诗。

其中，特别值得一提的，是冯玉祥将军的题字："南方石，北方石，东方石，西方石，各处之石，咸集于此。都是经过风吹日晒，雪侵雨蚀，可是个个顽强，无亏其质。今得先生与石为友，点头相视，如旧相识；且互相祝告，为求国家之独立自由，我们要硬到底，方能赶走日本强盗。"

以石喻人，赏石励志，历来赏石家皆为如此。北宋米芾先生、民国时期沈钧儒先生等皆以奇石入诗入画，言志述情。古往今来，文人墨客也无不将奇石作为清玩，置于案头，以愉身心，以彰其志。

看到朋友收藏的这块红黄相间的戈壁玉髓，也能想出获得此奇石的艰辛和苦楚，想到诸多奇石、赏石的不易，颇费功夫和心力。

茫茫戈壁，人迹罕至，从容寻觅，从寻找奇石的过程中，收藏者所获得的，可能不只是心情的平静、心态的平和，也有历经多年寻找，最终有所得的开心和愉悦。

试问，到底什么是幸福呢？

对于这样的哲学问题，决然不好回答。但我想，简单而言，对于收藏者来说，经历多年寻觅，一朝发现，进而最终拥有的感觉，可能就是幸福吧。

奇石难得，获得奇石、拥有奇石、与奇石朝夕相处的感情更为难得。这一点，作为收藏家，体悟应该更加深刻。

雪花、美人与玛瑙花——

胡朝辉

己亥春节刚过，北京的天空便下起了雪，飞花飘到故宫的玉阶雕栏和红墙黄瓦上；飘到颐和园冰雪初融、刚刚露出些碧色的湖面上；飘到如巨龙般蜿蜒腾跃的长城上，一时间把北京装扮得银装素裹、分外妖娆。

我爱冬天精灵般的雪花，"翩翩地在半空里潇洒，飞扬，飞扬，飞扬……"；也爱春天妩媚的百花，姹紫嫣红，竞相绽放，惹得人们"烟暖池塘柳覆台，百花园里看花来"。

除了冬天的雪花和春天的百花，大自然还孕育出形态万千、材质各异的花朵，把这世界装扮得更加多姿多彩。曾经在朋友处见过来自戈壁的玛瑙花，她本是沙漠中的玛瑙石，经过亿万年风霜雪月的洗礼，最终幻化成花，成为一朵永远盛开在戈壁上的玛瑙花。她晶莹剔透的花朵，蕴

胡朝辉

中国国家博物馆副研究员。1997年毕业于北京大学考古系文物鉴定专业，师从耿宝昌、叶喆民学习古陶瓷鉴定。毕业后从事文物鉴定工作至今。业余时间爱好撰写文章，先后在《人民日报》和《北京日报》发表《如明月春水如薄冰绿云——再谈唐宋越窑"秘色瓷"》《粥罐里的茶香》《"淘"瓷琐记》《世界仅存的明宣德青花器座》《唐代三彩凤首壶与丝绸之路》《瓷枕上的风雅》《由"丙吉问牛"笔筒想到的》《"帝京杂咏"春光媚》等多篇散文，《粥罐里的茶香》被《作家文摘》报转载。

内蒙古戈壁石

含着极强的生命力。她曾聆听过驼铃声声，也见到过彩云追月。她见证了戈壁荒漠的悠悠岁月，仿佛是一位周身洁白的盛装女子，静静伫立于这戈壁荒漠上，等待她的爱人归来。几千年过去，爱人早已离她远去，曾经的繁华纷纷落尽，她依然默默无语、傲然独立……

我把玛瑙花想象成一位美丽的女子，是因为中国人自古就赋予花草美好的意象，从中生发出象征女性美丽的内涵。《说文》中许多以草木取类的字皆与女性的美丽相关，如"桃"与"姚"，两字均从"兆"得声，都有美好、艳丽的意思。《诗经》"桃之夭夭，灼灼其华"；《说文》"姚，娆也"讲的都是女子的美丽。《诗经》常以花草象征女性美丽，譬如《郑风·野有蔓草》："野有蔓草，零露漙兮。有美一人，清扬婉兮。"每次读到"有美人兮，清扬婉兮"一句，我总想到金庸大侠《天龙八部》里的女主角之一木婉清，她一副"新月清晖、花树堆雪"的俏娇模样，实乃一位"水木清华，婉兮清扬"的绝色美女。金大侠的武侠小说里，每个女性人物的名字几乎都有出处，而且颇具意境："钟灵""盈盈""语嫣"，每个美丽的名字后面都亭亭玉立着一位绝世美人。这玛瑙花儿也应该有个美丽名字，最好出自《诗经》，我想给她取名"洵美"，或者就叫"邦媛"。

在我的心目中，这朵玛瑙花是一位"云之谁思"的"西方美人"，她有过一段非常美好的爱情。她的爱情是"山隰有草"、思念绵绵的；她的约会是顽皮又多情的，就像《诗经·邶风·静女》里所描述的那样："静女其姝，俟我于城隅。爱而不见，搔首踟蹰……自牧归荑，洵美且异。匪女之为美，美人之贻。"古灵精怪的她故意躲藏让人找，急得他心急如焚搔头又徘徊；看他着急又赶紧送上从郊外采来的嫩茅来安抚，把痴情的男子感动得语无伦次，一会儿说嫩茅很漂亮，一会儿又说并非嫩茅有多漂亮，只因是美人所赠才非比寻常。你看，她的约会多么有趣，多么让人心醉！

几千年过去了，"关关雎鸠"的声音还在耳畔，"在水一方"的"伊人"恐已老去，可玛瑙花儿还依然绽放在戈壁上、盛开在沙漠里。经历千年风雨，她幻化为石、幻化为花；经历千年风雨，她开放得愈加娇艳。

功利浮躁的现代人，他们的爱情少了许多期许和浪漫，多了几分斤斤计较和防范。看过了太多巧克力与鲜花、香车与宝马的故事，我们还能否记起爱情原有的那份质朴、真诚和美好？我们还能否重拾先人那份优雅的诗意、淡泊的情怀？我们还能否继续古人生活的琴瑟在御、岁月静好？

一块美石想到的——

吕立新

吕立新

吕立新，著名学者，艺术品鉴赏与投资专家，因在中央电视台《百家讲坛》主讲齐白石、徐悲鸿而广为人知。现任北京皇城艺术品交易中心总经理，《20世纪美术作品档案》项目负责人。曾参与起草国家《艺术品经营管理办法》。出版《齐白石：从木匠到巨匠》《跟着吕立新去买画》等多部畅销著作。

益群兄发来一张图片，是一块彩色大理石，并说这块石头上的图案像一幅绘画，与我的专业有点关联。他嘱我写上几句。定睛凝视石头上的画面，我瞬间想到了融贯中西的艺术大师林风眠。

这块石头上浓郁的青蓝色调是林风眠先生特有的。水粉厚抹，蓝色中掺墨加白，这个调子不仅运用在他的风景和静物作品中，就在他的仕女人物画中也常常使用。他的许多作品，色彩浓重，蓝中泛黑，犹如夜色初临或黎明未启，画面中流露出一丝淡淡的乡愁，夹杂着些许对人生沧桑的感悟。

大理石上的图案与林先生所作的多幅山村景色图亦有相近之处。泛着白光的溪流，映着金黄的树叶……画面上方，宛如飘带般的流云，抑或如梦远山，似真似幻，奇异多变，这些也都是在林风眠大师的作品中常见的。得天地造化之顽石竟然与

大理石

艺术大师发自心底的画作如此契合，不由得让人生发出万物通灵的感叹。

说到赏石，我不是很懂，但也有过与灵石接触的经历，并且还藏了几块。只是一直没弄明白自己收藏的石头名号为何，产自何地，价值几许。藏石皆因与一位老友相遇。

那是几年前，一位多年没联系的朋友忽然打来电话，说是在电视上看到了我的节目，他邀我到他的工作室叙叙旧。老友相聚自是欢喜，于是我如约来到他在北京团结湖的工作室。这个工作室其实是一个藏石馆，里面摆放着产自不同地域的奇石，大的有几吨重，小的可在掌心把玩。有的重形，有的重色，林林总总，令人叹为观止。寒暄过后，他便开始一一介绍他收藏的石头，这块得来有多么曲折，那块造型有什么特点，绘声绘色，如数家珍一般。看着他兴致勃勃的样子，我能感受到他心中的那份快乐。老友说，这些年工作压力很大，多亏了有石头陪伴，不论遇到什么难事、什么挫折，只要面对奇石，躁动的心便安静下来。这些石头都经历了亿万年的风吹雨打，人类经受的这点磨难根本无法与之相比。对他的这番话我是非常理解的，并且体会至深，感同身受。

后来我又到他的藏石馆去过几次，每次他都是滔滔不绝、不厌其烦地向我介绍雅石知识，什么黄河石、大漠石、灵璧石、太湖石、雨花石，品种太多，我完全对不上号，乃至今日依然还是一知半解。不过，从那以后我开始关注奇石，陆续买了几块石头，摆在家中。

大诗人陆游有咏石佳句："花如解笑还多事，石不能言最可人。"石不能言，却胜似千言；它静默无声，却能传神。这也只有藏者能感受得到。藏石也好，藏画也罢，当我们历经千辛万苦得到时，当我们感恩大自然的赐予时，其实我们的满足已经不仅仅停留在手中的这件宝物上了。我们在得到外物的同时，还收获了力量，收获了精神，这难道不是收藏的最大益处吗？收藏，不仅丰富了我们的生活，同时也成为我们的生命内涵。

石头里充满人生百味——

华静

　　偶然的一个机会，我看到了那块造型精美、晶莹温润的戈壁玉石。按照传统说法，这叫缘分。但于我，面对着它时，仿若跨越了地理上的距离，重逢了另一个自己。

　　把石头握在手里把玩，且能玩出学问，是我在小学五年级时就知道的事情了。那是20世纪70年代初，放学回家的路上，要路过新华广场。广场上，散落着一伙又一伙的人。他们各自团在一处，悄悄地说着什么。出于好奇，我和几个同学挤上去想看个明白。原来，他们的手里拿的不是石头就是字画，还有我们叫不上名来的各种古玩。

　　"他们都在交换东西。"回到家，我就给外婆学舌。

　　"这搁在以前，都值钱。有专门收藏古董的人，可有学问了。"外婆似乎见怪不怪。说着，从柜子里取出一个小箱子，看我兴奋的模样，她说："只许在家看看，不许到外面说去。"我知道，外婆像个魔术师，总会变出许多让我们惊奇的

华静

笔名丹琨。高级编辑、作家、诗人。中国国门时报副总编辑。中国作家协会、北京作家协会会员。中国诗歌学会会员、中国散文学会会员。出版诗集《有梦在前头》《那只安抚我灵魂的手》《给相遇多一点时间》；散文随笔集《给心找个家》《送给自己的玫瑰花》《旧铁路上的寻觅》；报告文学集《梦里梧桐》。著有短篇小说《夕阳船》《请叫我元琪》等。出版有《华静文丛》三卷（《停不下来的脚步和云朵》《那一片诗情牧场》《挂满情怀的生命树》）。

内蒙古戈壁石

好东西来。

期待中，箱子打开了。是包裹的各色各样的玉石，大的如拳头，像各种造型的手把件；小的如纽扣，像戒指和胸前挂件。翠绿的，碧绿的，玛瑙色的，白色的，耀亮了我的眼睛。

外婆说："看过了？这些物件说值钱就值钱，说不值钱就是石头。就是图个喜欢。"她让我把一个手把件握住，然后问我："感觉到什么没？天地的力量啊。"

她给我讲了她小时候家里的老人们收藏玉石的往事。说在她们的家族里，有一位德高望重的爷爷，曾经为了一块石头，把老家的田都卖了。炎热的夏天，这位书生爷爷竟然徒步走了100多里路回来。揣在胸口的石头被他的汗水打湿了，就连脚上的鞋底都磨破了。据说若干年后，民间许多收藏家找到他，出高价购买，他不忍割爱，传家宝一样收着。

自此以后的很长时间，我都会沉浸在这样的"力量"中。只要看见玉石之类的东西，我都会情不自禁地联想到外婆说这话时的神情。

成年后，走南闯北，有缘遇见的宝玉也多了，反而真的喜欢上了这晶莹剔透的石头。直到这时，才体会到一块精美的石头所带来的快乐。周围的朋友中，也有偏爱玉石的，只要碰到一起，几句话就会转到上面来，我从中学到了不少收藏知识。

有一天，一位从新疆旅游回来的友人，带给我一块戈壁石。用她的话说，这不是玉石，是"大地舍利"。这样的形容，让人耳目一新，无限神往。

在戈壁成为戈壁之前，曾经是大海，曾经是火山，然后才是沙漠，才是戈壁滩。而被人称为"大地舍利"的戈壁石正是在历经亿万年的千锤百炼、吸收了亿万年的日月精华之后，成就了自己独特的风范。然后，在某一个朝代的某一个时刻，被人发现。然后，被收藏，被珍爱。

我的脑海中，一直有这样一个画面：成群结队的人们越过山脉、河流，朝戈壁深处走去。他们的身影在黄昏时分的晚霞中晃动着向前，越来越缥缈，直到没入天际线。他们是寻宝人，无所畏惧、不知疲倦地走在路上。

"花能解语还多事，石不能言最可人。"这是三十多年前，我抄写在笔记本里的诗句。作者是南宋诗人陆游。他的吟唱，人性化了本不能言说的石头。

曾经的曾经，茫茫戈壁上，一片静谧。那块玉石，深埋在这里的某一处，它不知道最长的一年是哪一年，时空倒转，它等待着被有缘人发现。

曾经的曾经，古代先贤就认为，在所有的器物中，最能彰显君子文化内涵的莫过于玉了。他们认为玉石的特质与君子的品质可以相提并论，从而赋予玉石诸多君子人格及美好道德的寓意。

《诗经·国风·小戎》："言念君子，温其如玉。"《礼记·玉藻》："古之君子必佩玉，君子无故，玉不离身，君子于玉比德焉。"

仔细聆听，对玉石的感觉就不一样了，似乎对被诗词同样人性化了的玉石有了更深刻的理解。审美中，也就融入了自己独到的心意。

更久远的记忆连接着怎样的故事？

亿万年沉睡之后，戈壁石被人们发现、挖掘、打磨、然后绽放、然后被称颂为流光溢彩。风沙磨蚀它的过程，我们谁也没有看见，也不可能看见，"是各路商民贸易的捷径"让收藏者和我们与它有缘重逢。看到它时，其实也看到了收藏者的性情品格。

饱含神韵的戈壁石奇妙自生，千里荒野上，望不到边的砂石里，人们崇尚风雅的追求很跟风，让埋在这里任何一处的戈壁石成为市场上的抢手货。

面对着那块戈壁石时，我安心地、暖暖地观赏，有朝圣般的感觉，也有耐人回味的惬意。

"一块石头里充满了人生。"并不记得是从何处捡拾来的这句话了，但此时，我联想到了，并愿意想象这戈壁石在被雕琢之前那种天然原石的模样。

出于好奇，人们会追玉石的出生地，也会对出生在那里的原石产生兴趣。

原石的灵性，很有魅力，让人恋恋不舍。

原石，似乎拉近了我们与自然的关系。

无论之后的玉石作品打磨得多么精美，无论其间掺杂了多少能工巧匠的心血和智慧，无论你如何反复地说这戈壁石有多坚硬、质地有多细密，无论你再怎么表示自己要像玉一样做人，寄托一种追求，都抵不过静静地站在那戈壁石的面前，和它共处，和它对话，和它对望。

只不过，这样的机会有些奢侈，更是难得。玉，石之美者，古人早已对其唯一性与独特性做了定论，足见对于玉所独具的感情色彩。

以前，在各种小说和电视剧、电影中，会了解到和玉石有关的许多传说。玉石与文化密不可分。传说里的情景洗去了凡尘俗世的执念，玉，也已经不是单纯的、价格不菲的饰品，而是一把能够锁住亲情、锁定爱情的精灵物件。走四方的寻宝人和收藏者们以及在家守望他们的家人们，都是通过这精灵一般的物件相互寄托相思的。抑或，还会在特定的环境中，被当成信物，从而把一段人生推成个人世界的扉页。

我满心期待地望着这块戈壁石时，其实心里也对它的收藏者有了些许认知。

如今，人们见面，厌倦了那些符号化了的自我介绍，有意无意间总希望通过生活中的接触，互相熟悉，相互了解。所以，尽管生活中我们放弃了一种个性的思想，每天顺应着生活的节奏一路走过，却在面对着这块戈壁石时，找到了说服自己的理由。那些与戈壁石有关联的人们，他们的追求也展现在了面前——寻觅、挖掘、雕刻、命名、收藏、观赏、置换、交易，在握住这玉石的瞬间，他们每一个人的真性情也会"流光溢彩"。

在一望无际的群山、沙漠、戈壁滩上，一代又一代的寻宝人挖了千百遍、千万遍，他们期待某一天的某一刻，会有一块玉石能够改变他们的命运。哪怕是一块有着瑕疵的玉，都能改变他们现存的生活状况。没有人计算过他们走过的行程，但在这些寻宝人的心里，千里归途，只要行囊中有玉石在，就有美好的未来。有些寻宝人，只来过这里一次，就再也没有来过。而那些还深埋地下的玉石，依旧在最深的戈壁沙漠等人去发现。

雕琢玉石者改变了玉石的美学未来。如果从专业的角度，戈壁石的纯度、密度、色泽以及形状，自有行家们去掌控和论断，但一旦被雕刻成作品，每个形状的寓意便各自有了故事。有意无意间，就把匠人们的心思和美好的寓意结合在一起了。

为玉石命名者也会因此改变人们的生活品质。之前，一些雕工精湛的玉器挂件会表明诸如连年有余、佛运开泰、义薄云天等含义。还有一些玉石摆件，也在形状上做文章，被赋予了诗意般的解读：浅浅时光、若如初见、相携一世等。

最令人钦佩的，是收藏玉石者的乐趣——他们是全身心地欣赏玉石。

"全身心地欣赏"，那种心情难以描述。怀想着戈壁玉石千古自然的原貌，也会在专业分工更加细化的今天，回味着与这玉石结缘的奇遇。

我看到的这块戈壁石，奇美天然，每一处的线条走向，色块交融，回旋起落，绝妙无比，处处体现出天公造物的神奇。

灯光下，反复察看，竟从中读出了从茫茫草原走到茫茫戈壁的一支驼队的身影，读出了草原民族蕴含在风沙里的闪光的文化瑰宝，读出了从海岸线上走来的五洲通商的传奇故事，读出了繁衍生息在戈壁滩上的一草一树、一沙一石。想必，这也正是收藏者在观赏玉石时，眼里散发出温柔神情的因由吧。

多么可贵地只是为了欣赏啊。情愫萌生，就是一种缘分，一种迟早都会出现的相见。除此之外，没有更合适的解释了。

埋得深，是一种幸运；被发现，是一场重逢；被收藏，亦是一段佳话。

如果，时空倒转，我们可能会早早地从玉石的前世今生中悟到许多人生哲理。正如那些一路坎坷走过来的人们所说：那石头如若不是埋得深，或许早就风化了。

一枚闲石惹人思
——

凸凹

京城一著名收藏家、鉴赏家从藏品中拿出一枚云南怒江石让我观赏。我怀着虔敬的心情，小心地捧在手上摩挲，先是感到温润，后是感到惊奇。温润的是它的质地，惊奇的是它的画面。

它是掌上石，状若心脏，在赏玩中，自然可以通过手的触觉，感受到雨水对它的滋润，阳光对它的照耀。虽是石，却不干涩，却不生冷，像手握着手，心贴着心，有生命感应。

石面的纹络整体地勾勒出一幅画，一幅传统而标准的中国画。画中的线条极清晰，像画家不苟的笔墨，却是天然的，所以令人惊奇。画中有几个古人，峨冠博带、羽扇纶巾，非凡俗之辈。他们有对谈和商量的态势，或者是在谈阔，或者是在论文，或者是在谋略，还或者是衡理、发天问。虽然他们的目光平和、甚至有些低垂，他们表情平静，儒雅而悠闲，但背靠石岩，脚踏太虚，一实一虚之间就有了大涵盖、大意象。所以，

凸凹

本名史长义，著名散文家、小说家、评论家，北京作家协会散文委员会主任，北京房山文联主席，冰心散文奖、老舍散文奖和汪曾祺文学奖、全国青年文学奖、《十月》文学奖、《中国作家》文学奖得主。

他们虽然悠闲，却绝非无聊，他们在谈有用的东西。谈什么？是个括号，真实的消息和确凿的内容由摩挲者自己填充。便尺幅虽小，却是一幅大画，承载天地昭示，令人世间的画匠汗颜。

也许是长久地搜石、洗石、摩石、养石、赏石、藏石之故，石头的精神和魂魄化成了人的生命品格，我的这位收藏家朋友虽然有大名，且有广泛的人脉，被人仰慕，但他沉默寡言，从容、质实、儒雅，他躬自厚而薄责于人，对什么人都尊重，对什么人都谦和，疑似平等、博爱本身。

也是的，石头见石头，石头碰石头，都是石头，虽有大小，虽有方圆，却没有高低、贵贱，大家在一起，风雨共担，日月共沐，疑似爱与悲悯。所以对这位朋友我敬而爱，却从来不说出来，因为石头不会说话，无言是品。

由这位著名收藏家，我想到了我的另一个友人，我故乡的一个早逝的兄长许海文。许海文早间在我的眼里是个无业游民，是个不靠谱的人，虽然有情感上的问候、饭局上的来往，但并不看重。后来他总是提我的这位收藏家朋友，这位朋友也总是提许海文，而且他郑重地对我说，你们那儿的许海文是个人物，他藏石丰富，品相不俗，在业内有不小的影响，不能小觑。

再回头看时，我才真正进入了许海文的生活，知就里之后，便被他强烈吸引并深深感动。

我问许海文："石为何对你有那么大的诱惑呢？"他说，由我体悟，石有三大魅力，即，有自然之华彩，禅道之悟境，人心之意象。自然之美如爱情一般的新异，禅道之境则如时间一般幽深，人心意象如天海一般无垠。这些都是构筑人生圣境的至极要素，却融于石头，如此，怎会不对人生出大诱惑呢？

他虽然倚石弄玄，现实生活却有些清贫，但他不怕清贫，每个日子都被他过得自得而舒畅，好像他比谁都富有。他性格平和达观，不工于心计，但也很少遭人算计。用他自己的话说：我一不媚二不贪三不多言，只是一块行走的石头，人家算计我什么呢？他的人生空间都被奇石充满了。

他的"蜗居"，是奇石的安栖所，各种奇石有数千件。其中珍贵的玛瑙石、翡翠石、红宝石、云母晶体等亦比比皆是。不少人出高价，买他的石头，只要一出手，顷刻间便可成为富翁，但他一枚都不卖，除了送去参加"中华百绝""中华奇石"等艺术展览会，让人们叹服奇石艺术华彩之外，便是悉心捡石、摸石、养石、鉴赏石，享受清雅人生。

平川熟路之上少奇石，便要到荒僻之处。为了到大西北人烟稀少的地方收集奇石，他背负了数千元债务，到腾格里沙漠、克拉玛依大戈壁和阿尔泰山去做艰苦探寻。没有路费，就想办法搭车，拉油的车、装煤的车、边防哨所的巡逻车和哈萨克老人的毛驴车，他都搭过。为了报答少数民族人民的盛情，他喝马奶子酒差点喝死；在茫茫戈壁，被风沙包围，车子出不来，险些被活埋。他告诉我：车子陷在风沙中，车上有水，但不能喝，要把水浇到沸腾的水箱上去，保住车子，才能保证人走出沙漠，那时车就是人的生命。在那个时刻，车与人竟是一体的东西，如果不为探寻奇石，我哪会有这样的人生体验呢？

所以，每块奇石上都刻着他的人生印痕。由此使人理解，一个如此投入的艺术家，为什么不轻易出卖他的艺术品，概因艺术品与他的生命是一体的东西。

在苦苦寻觅中，他终于发现龙骨山上的一种山石，其表面有一种天凿的神奇图案，经过处理，呈现出"小桥、流水、人家"的古诗境界。他被震撼了：这是一种难得的艺术珍品。他把它发掘出来，送到全国首届观赏石观摩研讨会上，举座皆惊。这便是名扬海内外的"龙骨石画"。

许海文对我说，贾平凹的《丑石》，注释了奇石的禅境及在人之心象上发生的效用，也让局外人认识了藏石人与自然物象的本质关系。说白了，人都害怕被金钱、功名、权势和世俗生活所束缚所牵累，欲寻求一种超然的助力，以解"生命之重"，便有人融于石，有人融于梅竹，有人融于文学。所以，艺术品类便没有高低贵贱之分，皆出自心灵的派遣。说"玩石"丧志，便是一句外行话，大不必在意。我们藏石人的一句口头禅：我只对几块石头感兴趣，你还奈我何？我们活得很自足、很自安、很自得。

可惜天道不公，海文早早地故去了，今日玩赏朋友的怒江石，不禁黯然神伤，不禁追问命运。但也不悲观，因为他自己也化成了一尊奇石，兀自在那里发出启示之光。他让我理解了什么是"品藏"，又懂得了如何从石品中感受人品，从大自然的巧夺天工中吸收精神的涵养，使自己远离红尘诱惑，做到人性厚朴、心灵纯粹，毫不功利地生活。

是这位收藏家朋友的诱导和点拨，才让我认识了不凡的许海文，并从他那里得到如此的教益，所以我还感到：藏石的人，赏石的背后，是世事洞明、人情练达，更会品人，更会生活。

如
是
我
闻
——

**贺
疆**

是时，在路上，正昏昏，看到这尊佛陀像，醍醐灌顶灵台清明，睡意疲惫一荡而空，"如是我闻"的念诵声在心底升起、回荡……

如是我闻，作为佛经开卷语，语出《佛地经论》："如是我闻者，谓总显己闻，传佛教者言如是事，我昔曾闻如是。"最直接的意思是：我是听佛这样说的。但是认真究竟起"如是我闻"这四个字来，却有着无上妙处，蕴含着无上智慧。"如是我闻"其实是佛开众生自性智慧，这是佛的慈悲所在，也是佛教给后人印证自己的标准答案。

是时，释尊在灵山法会上，拈花示众，人天百万，悉皆罔措，唯有迦叶尊者了悟，破颜微笑。时空流转，画艺者众，但能还原"灵山说法、拈花微笑"之境之韵的作品却是寥寥。不为技法，盖心境也。自性不开，修为不到，意境难至。世间难觅时，大自然弥补。但见这座佛陀石，活生生一幅始祖说法图，恰是"拈花微笑"典故的再现。漫天飞雪中，佛陀趺跏而坐，目注远方，那是任何人都看不到的远

贺疆

美术理论家、作家、艺术策展人，创立后未来主义和后水墨理论。

洛河石

方，那是疮痍的世间，也是理想的世界。

画面造意新奇，构景别致，色泽秀朴，巧拙互用，耐人寻味。佛陀的梵相出古，曲尽所能，骨似犀头骨粗，心境情绪呼之欲出。似淡润的墨色、苍浑的笔触铺染出清如明月、崛如虬龙的独特韵味。雪花落在佛陀的袈裟上，幻化出朵朵嫣红的花瓣飘坠而下，花疏气清幽幽而来。袈裟的纹理清晰可辨，在色泽中透明而有层次，一如佛陀的面部表情和眼神的慈悲。佛陀对面远山隐现，有尊者趺跏听法，看不清表情，虔诚念诵抑或悉心受教，但神思幽谧专注的姿态轮廓呼之欲出。佛陀慈悲庄严之态与尊者严谨虔诚之姿，其造型之优美、线条之流畅，栩栩如生地显其悟通、达其性灵，令观者犹如身临其境。

画面布局奇特，繁简相宜，对比尤妙。人物的大小与空间的比例，人物间的疏密关系，上下左右的空间呼应……大幅空白，更衬托空寂之境。松灵中沉着，疏朗中清新，简萧中散逸，古淡中自然。水墨画般，工写结合得微妙而悠然，满而非满，空而非空，游离于不满不空之间，营造出一派古意高远，韵味隽永。线条清健，拙秀互见，相映成趣。构景古意别致，风韵隽朴秀雅，气息安详淳朴，意境空灵深邃，给人以无限想象的意境和思绪驰骋的空间。何为超尘脱俗、空寂澹宕之境，此之谓也。造境，造化使然，非人力模仿可为。大自然之鬼斧神工，令人叹服。

佛陀石画面的耐人寻味之处，在于画面的氤氲之气，超然于象外，空灵而妙不可言，令观者精神入禅，仿佛升入庄严的佛禅世界。一块佛陀石，非传统意义上的佛陀画像，非佛而佛，反而具有"千无万无无更无，芥子须弥一扫俱"之禅家风范。端的是清风明月无价，近水远山有情，但恐十指一时合，缕缕不断白云生，丈室天花遍地春。

由是，想起老聃的话，云："吾游心于物之初。"这里的"物之初"是指太初、元气、生命之初的宇宙精神。用现在美学的观点来说，就是畅神，就是超然物象之外获得自由自在的精神状态。而"佛"之一字，有体、有用。本体上说是"智慧"，功用上是讲"觉悟"。因此，"佛"之一字，包含整个宇宙人生的本体、现象、作用，凡是能觉察、证悟这种真理的人，就是佛陀。

想起数日前，为一茶园梳理禅茶文化卷。自去前年初秋初识，为茶园夫妇的精神感动，一年多来为该茶园著文近二十篇，从禅茶文化内涵和意义价值做纵深思考。一个茶园，三十亩，两个人，七年时间，卖房子贷款坚持生态种植，一如南方茶苗适应北地，历经大寒、大旱、霜冻、雪冻种种灾厄，落地生根，产出别具特色的茶品，一次次令品者感动。改写茶历史的茶品，成为赵州禅茶的前世今生，而著名的禅门公案"吃茶去"得以实体承载。禅茶核心精神是什么？不深奥也不玄妙，看到这对夫妇，徜徉于这一方茶园，品到这一盏禅茶，就昭昭了然了。一年多来，一次次被茶园主人和茶品感动，在整理这款禅茶文化卷时，突然想起《坛经》那句话：不悟即佛是众生，一念悟时众生是佛。禅宗的明心见性、即心即佛，亦如当前解。如此一想，豁然开朗。

又念及"如是我闻"。"如"就是离一切相，"是"就是即一切法，一切法当下就是"如"。我，是我的人、我的心、我的灵魂。闻，所听到、所看到、经历到、感受到，种种外相与内相持受感悟。如来，是佛的如来，也是你的如来，无所从来，也无所去。风动抑或心动，如是，如来。

《金刚经百家集注》里有一位川禅师，他对"如是我闻"的解释很有诗意很有境界。他说："如如，明镜当台万象居。是是，水不离波波是水。镜水尘风不到时，应现无瑕照天地。我者，为性自在，强名之也，又云身非有我，亦非无我，不二自在，名为真我，又云净裸裸、赤洒洒，没可把。颂曰：我我认着分明成为两个，不动纤毫合本然。知音自有松风和。闻者，听离也。经云：听非有闻，亦非无闻，了无取舍，名为真闻。又云：切忌随他去。颂曰：猿啼岭上，鹤唳林间，断云风卷，水激长湍，最爱晚秋霜午夜，一声新雁觉天寒。"

"闻、思、修"在佛教里称为三慧，闻是三慧之首，也是修行的法门。原来，"如是我闻"不简单；原是，"如是我闻"真不简单。

而那尊佛陀石的拥有者，倒是梵音稀，闭门向山路，实相妙门，独得夕阳多。

远古的心事——

林丹妮

　　石头是静默无言的。它像一位充满智慧的长者，在上亿年的岁月里，看着沧海桑田的变迁，见证着历史相继上演。爱石之人，爱它的天然去雕饰，爱它的独一无二，更爱这天地间可遇不可求的缘分。夜深人静，一个人，守着一方石，就仿佛拥有了整个世界。

　　眼前这枚浑厚凝重、密密麻麻的戈壁石，我拿给母亲看，她说想起了小时候过年吃的年糕。一颗颗绛红色的豆子，被紧紧地粘在一起，就像一家人除夕的团圆夜，珍贵美好。我又叫先生来看，他说看到了将领带着战士们挥师南下，抱着必胜的决心，气势如虹。同样的石头，母亲感受到了亲情的温暖，先生看到了金戈铁马的战争年代。而此时的我，顾不上听他们后来又说了什么，思绪早已神游到了亿万年前，那片石头曾仰望过的星空下。

　　上亿年的岁月里，它听过清脆悦耳的驼铃声，踏过湍急的

林丹妮

文案策划人，蔬食料理研究者，自由作家。热爱大自然的一切，潜心研究植物性饮食的美好，探索人与食物的关系。

内蒙古戈壁石

河流，飞跃过浩瀚广阔的海洋，坠落过陡峭的悬崖。它被海水侵蚀过，也被岩浆践踏过。它不停地行走，不断地被改变、被遗弃。

那一颗颗光滑润泽的小玛瑙像榛果，像豆子，又像宝石，灵动地嵌入整块石头中，浑然一体。我不禁去想，这块戈壁石要经历多少次的聚散离别，才会形成如今的模样。在它身上，或许有些石子、泥沙曾经驻留过，最后被融化了，被冲走了。有些被挤压、被割裂、被打磨，又重新被凝结起来，如镌刻般永远地留在石头上。冥冥之中，宇宙间好似有一股巨大又神秘的力量，将它们聚合到了一起。

能聚在一块石头上的，是情。经过几亿年的斗转星移，还能粘在一起的，是吹不走、化不掉的缘。生命中的人来来去去，最后留在身边的，都是赶也不会走的。总有一些人，一些缘分，会花上亿万年跨越山川湖海、沙漠戈壁奔向你。

古人结绳记事，心事被打在一个个的结里。现代人用影像记录，心事被定格在一张张照片中。美食家精挑细选每一种食材，把心事做进菜里。音乐家捕捉每一个内心跳动的音符，把心事谱进曲里。而大自然用流动的生命去刻画，把天地间的心事都融进一块小小的石头中。

　　石头是有灵气的。那每一颗在它身上生长出的小玛瑙，都包裹着一段远古的记忆，一段大自然隐秘的心事，藏着宇宙想对我们说的话。

　　看着眼前的石头，我好奇那些没能留下的小石块去了哪里，最终散落在何方，等来每一个凸起的小玛瑙的形成又用了多久的时间。在漫长的等待中，石头不期盼，不失落，也不顾影自怜。它孤单地躺在大漠里，没有人为它喝彩，甚至也许永远不会有人知道它的存在。但是又有什么关系呢？它本身就是完整的，蕴含着天地间所有的智慧。

　　生活中感到无法释怀的时候，就去看一看大海，潮起潮落，日复一日。去看一看石头，它和我们一样，经历过孤独和离别。此刻的我和它，静静地互相望着。我们都如此孤独，又紧密相连。

一石一世界——

蒋力

蒋力

作家、艺术评论家，中央歌剧院研究员，撰有《音乐厅备忘录》《变革中的文化潮》《书生集》《咏叹集》《王叔晖画传》《杨联陞别传》等。

石头这东西很怪，生活中无处不在。闭眼想想，有它的模样，看看周围，几乎无法无视它的存在。

我身边最近的石头是印章，从自家上三辈人的，到我自己的私章，都有。其中两方名章是两位画家为我刻的。年头长些的那一方的篆刻者汪易扬，是我三十多年前在《文艺研究》编辑部工作时的同事。他的写意人物画很出色，我为他写过评论，他送我的印章，是我日常用得最多的一方印。年头短些的这一方的篆刻者石愚，画虎画孔雀画藤萝，偶尔画裸女，篆刻功夫更是了得。我曾挑了自存的一对石章坯子，求他治印，数年未得，石头也不见踪影了。又数年，他忽告石头又现，章已刻好，于是郑重交接——他还搭上了一餐日本料理。相识多年的刘枫华，也是画家，还是舞美设计师。近来他也迷上了篆刻，几乎每日均有作品问世。我惦记着找个机会跟他求方印，顺便蹭他一顿酒。我由印章而知道了一些石头的品名，如：鸡血石、青田石等。这样的石头，除了用于印章，还可作石雕，

内蒙古戈壁石

那是雕刻家或工艺美术大师的事了。印章之外的石头，我的收藏只有雨花石。当年觉得稀罕，好看，后来却又觉得做作、雕琢痕迹太重。

　　较早认识的石头是这样两种：花岗岩和汉白玉。印象中花岗岩的质地最硬，因为有个说法，叫"花岗岩的脑袋"，意思是这人固执。中国现代文学馆的大门外有块巨石，大约是花岗岩。价值几多？说不准，听舒乙说，是他从京郊某地求来的。他说那时文学馆初建，预算中没有这笔钱，他看中这块巨石后，跟对方讨价，代价是他给对方写字，用毛笔在宣纸上书写的那种叫作"书法"的字。以字易石，这样的交易也就是文人才想得出来。首都剧场门前的巨石，似乎也是花岗岩，落户于斯的时间比文学馆那块早些，大略切割成长方状，镌刻上"北京人民艺术剧院"，大方得体，确为这个金牌剧院增色。汉白玉似乎不是平民百姓亲近的石头，我印象中的汉白玉大都在故宫高高的宫墙内，或在那些皇家园林里。这种石头大概易于雕刻，易出效果，雕出的图案也是多种多样。

　　江南多园林，园林里多有太湖石，颜色与汉白玉接近。太湖石的生成，于我来说，一直是个谜，但这谜并不妨碍我对太湖石的偏爱。当然，喜欢太湖石的人，不只是我，清朝皇帝也喜欢，不然就不会让它出现在皇家园林里了。我小时候常和胞弟（大名蒋丰）一起在北海公园的假山那里玩耍，那是太湖石与山洞的组合，与苏州园林相比，略有拙劣的堆砌感。我偏爱的是太湖石的独立成景（像是大盆景），偏爱的是其在石头家族中独树一帜的瘦、透、皱、漏的特点。然而，与多种石头相同的是，这个特点仍然是体现在其外形上。灵璧石就不同了，灵璧石的特点，除了形之外，另一特点体现在它青铜般的声音上，是要靠敲击来获得美感的。沪上闲人夏国代家的灵璧石，我每次去总会跟它打个招呼：食指轻叩。它以美妙的声音作答，呼应得当。

　　石头是大自然中的一物，是自然中的非自然。泰山顶上，我印象最深的不是"一青松"，而是那片巨石和巨石上的石刻。黄山之巅，我怎能不记住"飞来石"？山石山石，无石不山，无山无石，没有石头的山，大概只能叫"坡"吧。

　　石入生活。不仅停留在园林宫殿，形成一个石头城。百姓筑房，也需要基石，也会在墙基处矗石一尊，上书"泰山石敢当"。由此可看出石头的性格和尊严。

　　人们亲近石头，欣允石头入名。我身边或熟识的人中，小名石头，大名某石、某磊、某石山、某奇石者，均有，且多有。石头之名，或许还是男性专有，没听说过名字叫"石"的女子吧？石不仅可入名，还列在百家姓中。石达开这名字，我们还常或念及。画家石鲁、石愚，或许本不姓石，但后来的名字确定都是自觉的选择。演员石维坚、钢琴家石叔诚，都是石姓。臭名昭著的石一歌则是笔名，是11个笔杆子，与石姓无关。音乐家石夫，本姓郭，今人少知其姓，但知其名，知其写过传唱至今的歌曲《娃哈哈》和难以再流传的歌剧《阿依古丽》。石头还入文学。曹雪芹作《石头记》，贾平凹写丑石、狐石、三目石、鱼化石，说的都是石头，也不止于石头。

　　比起四五十年前的住所，我现在的居住面积肯定是大了一些，但还是没有存放石头的地方，也就不敢对石头多存念想心思。偶见友人亦藏石家，出示江西潦河石一方（实则近于椭圆），石上暗处纹路似一女子随乐起舞。潦河石乃至潦河，我均初次听闻。此河地处赣中，属我行旅未及处。又查知，潦河石分为筋络石与黄蜡石两种，我看到的这方，显然属于前一种。据我看来，这种石头的收藏价值，完全取决于石面图案（筋络），若无筋络，则过于平庸，亦无筋络石之说。而筋络（图案）的象形程度，是衡量其价值的主要标准。抽象与具象，偏于哪边都会减弱其价值。太具象嫌复杂、嫌堵、嫌满，太抽象嫌简约、嫌虚。只有介于具象与抽象之间，才可能给欣赏者和收藏者留有想象的空间，从而达到审美的愉悦。

　　潦河石引出我的一些联想和一篇小文。最后想说的是：一石一世界，世界多石头，对石头的欣赏，角度也多，这与收藏，倒未必关联密切。

干裂的土地 ——

彭援军

彭援军

著名收藏家及作家、诗人。现任中国未来研究会旅游分会副会长，中国社会科学院旅游研究中心特约研究员，《旅游与交通》杂志总编，中国收藏家协会理事、中国报业协会集报分会常务理事、中国新闻史学会会员、中国散文学会会员。

我第一眼见到这块内蒙古戈壁石，看到石上那刀劈般的深浅不一的痕迹，我就认定它像一片"干裂的土地"。我首先想到的是，我在延庆插队时，在干涸田地里所见到的硬硬的土块儿，为了平整土地，我们用农具把大大小小的土块儿打碎。扶耧播种之后，我们又挑水抗旱一个月，水桶里的水往干裂的土地上一倒，地上瞬间冒起一道道白烟，水从裂缝里一下子就渗下去。一担担的挑水，从村里的机井边挑担负重，过沟上坡，上上下下走几里地来到大小不一的梯田地块，人工的抗旱，"人定胜天"的豪言壮语终究没有战胜饥渴的田地，这一年，大队终因天大旱、粮食歉收，我们知青苦干一年的分值，每天才一毛七分钱。

看到这"干裂土地"的奇石，我还想到了我在村里坚持抗旱挑水一个月，受到县广播站的表扬，很多本村和外村的知青伙伴，都听到了广播中念我的名字。由此，我的"命运"也有改变，先是参加了延庆县武装部举办的《华北民兵》通讯员培训班，接着又参加优秀通讯员对县里多个公社大队的采访，

内蒙古戈壁石

参加了县基干民兵在二道河子炮团所在地的军训，参加了唐山大地震后的村里抗震巡逻。第二年我又被派到白河工地31连当团支部书记。白河工程就是为解决延庆县缺少水浇地而开展的，工程早一天完工，大片大片的农田就会在天旱时受益。为了加快穿山凿洞、打眼放炮的工作进度，我们31连党团支部把抡锤打钎的日生产定额定为1.2米，由施工员用盒尺量尺寸确认。我和一位民兵排长搭帮，两人一组，干完定额就能收工，有点承包责任制的味道。经过一番锻炼，我挥舞十八磅的大铁锤也已轻松自如，大冬天的竟然和当地老农民一样光着膀子大干不停。民兵排长称赞说："小伙子干得不错，咱们天天在这儿石打石，做人也要一辈子实打实。"民兵排长的这句朴素之言，后来竟成为我心中的至理名言，一直牢记在心，成为我言行的一个准则。当时我光着膀子抡锤打钎，受了寒冷北风的侵袭，致使腰痛剧烈，我硬是靠练"易筋经"，坚持一个月后腰痛竟然神奇地好了，我的体格也强壮起来。初握钢钎之始，我两只手的"虎口"被民兵排长力大无比的铁锤震裂，鲜血直流，橡皮膏缠裹之后，换成我抡锤。为此，我"轻伤不下火线"的事迹在白河工地的喇叭里广播了。

在连队小结工作时，连长张桂华谈到有的人用小推车拉石方，不仅在车数上弄虚作假，而且故意用大块石头多支空缝隙，而达到少拉石头的目的。对于这种不良现象，那位跟我搭帮干活儿的民兵排长起身发言说："我们干的是石打石，良心也要实打实，虚头巴脑儿要不得，我们学大寨，既要学人家的艰苦奋斗精神，同时我们也要提倡自己的实打实（石打石）精神。"若是有人问"知识青年接受贫下中农的再教育"得到了什么教育，我就可以理直气壮地说，民兵排长所提倡的"实打实（石打石）"精神在我的心中，一直是一种高尚的精神，我一生都要去践行这种精神。

看到这"干裂土地"的奇石，我又想到目睹过唐山大地震的一位朋友，我们在开会时同住一室，闲聊天时他给我讲起他所见到的震后地裂惨景。多年过后，我开车路过河北某地时，亲眼看到了土地干裂的可怕场景，一眼望不到边的干裂田地，像玻璃碎了一样，不规则地迸裂出大小不一的裂纹或裂缝，有的裂纹好似是树杈或是树叶，有的裂缝能掉进一支笔或一根蜡烛，有的能掉进矿泉水瓶，有的裂缝竟有一尺宽。我和同事站在柏油马路上，都不敢进入田地里去。其实，马路上也有裂纹的痕迹，令我们十分恐惧地赶快离开此地。面对这种奇特的地质现象，我真的非常惊叹大自然的力量，地壳的运动、日照的强度和缺水的恶果，竟能让千米万米深的土层地表发生令人难以想象的变异。

然而，更令人感到神奇的是，眼前这块"干裂土地"的奇石，竟然把大自然的干旱奇景复制到坚硬无比的石头上，让石头物化成可以让人们任意想象的各种形状，可以让人们"横看成岭侧成峰"地去观赏。

奇石确是有灵性的，有感情的，有生命的，奇石与人的交流更是奇妙无比的。人与奇石碰撞出的思想火花是灿若星河的，人与奇石相遇所散发出的联想是无穷无尽的。

滴水岩

—— 马道

马道

1983年毕业于中国人民大学新闻系。历任北京晚报新闻中心主任、北京晨报副总编辑、竞报总编辑。中国好新闻一等奖获得者。

我本不懂石，尽管喜爱欣赏各类藏石，却说不出什么门道。直到有一天，见到了"滴水岩"。

"滴水岩"是我给这块石头起的名字。它不大，也不小。若再小，无法称山岩，若再大，就不能把玩在一只手里了。

我是在老友马兄家的上百块精巧美石中见到这块石头的。

我把它捧在手里端详。这块石，像座小山，也像山涧的一块岩石。除似山若岩般棱角峻峭外，石底部的中心，清晰可见一个大大的滴水珠图案。

古人云：仁者爱山，智者爱水。我的理解是：有情怀的人爱仿山的挺拔刚毅，有智慧的人爱效水的灵动变通。而手上这块石头，上视立山，下观蕴水，恰可为仁者智者皆爱之。

叫它"滴水岩"，也因受到在韩国游历一处景观的影响。在济州岛35号公路7号出口下的数公里处，有一个叫"流水岩"的村子。据村里老人介绍，很多年前，济州岛久旱无雨，地下

内蒙古戈壁石

水枯竭。就在人们命悬一线之际，有个牧马人突然发现，离海边不远的一个山岩上源源不断地涌出清泉。于是百姓纷纷来此顶礼感恩，他们不仅取回了人畜赖以存活的清水，还用它浇灌农田，哺育秧苗。从此，广袤的土地上又恢复了欣欣向荣的面貌。

不仅在韩国，在大中华文化圈，甚或在全世界所有民族的文化里，都有对高山的崇仰，对流水的依恋。高山流水，既入情又入诗。我自己就曾经有感，在张家界作过这样的诗句："心临善水心长沁，人悟青山人即仙。"宋朝大文豪欧阳修在《醉翁亭记》里曾写道：醉翁之意不在酒，在乎山水之间也。山水之乐，得之心而寓之酒也。而今，尽管我手中举着的并非美酒而是美石，心中感受到的山水之乐却更有一层美美的滋味。

刚毅、担当，良善、智慧，这就是山岩与流水树立给世间有意识生物最好的立命榜样。

隔了很久以后，我在《北京晚报》工作时的小兄弟张硕喜添胖儿子。他来到我家，请我为孩子起名。父名含石，母名含水，我马上记起了马兄家里那块我起名的"滴水岩"和端详它时产生的联想。于是，我建议孩子叫"沐岩"，意寓在爱的滋润下，在风雨的洗礼中健康茁壮成长，成长为仁智双全、有能力、有担当的中华大丈夫。

如今，小沐岩一天天地长大，滴水岩一日日静立在藏柜中。我有一个心愿，等沐岩长到懂事了，带他去马兄家，让我起名的小沐岩抱着我起名的"滴水岩"合张影，再请老媒体人、书法大师黄国华题上我写的那两句诗：

心临善水心长沁

人悟青山人即仙

我想，这样做的目的不仅为了有意思的纪念，更为了有意义的祝福，祝福观赏过"滴水岩"实物和图片的有缘者，祝福全天下拥有山水情怀的同路人！

垫脚石 ——

杨璐

杨璐

北京古籍出版社原总编辑。

关于石头，使我想起沈从文先生。

2019年1月16日，央视许觉、陈导采访录制"沈从文专题"，陈导问我："沈从文先生作品里常写家乡的水，他的性格像水吗？""不，我刚从他的家乡凤凰开会回来，沱江的水是清澈流淌的，和沈先生一样澄澈纯净，大象无形；但我觉得他更像江边的石头，坚固，顽强，青石上深陷的石窠，是古来船工们撑篙、纤夫们脚踏所留下的累累陈迹，千人杵，万人踏，却稳如磐石，默默地撑起航船。他像沈先生的坚强！"

因为认识沈先生的草书，所以"文革"中有幸为沈从文先生誊录书稿，先生称为"司书生"。沈先生以"服饰史"为中心的庞大研究著述计划，我认为是"划时代"的，但先生坚持说："我要做的这一切，只为给年轻人当一块'垫脚石'。"此后在他与我的书信对话里，多次谈到"垫脚石"的作用，并告诉我：我们都是后人的"垫脚石"。先生认为，中国的古籍校勘学至今尚未完备，需要把中国丛帖纳入古籍整理校勘范畴，因而拟订了中国丛帖"综录""综释""综论"三课题，戏称三块"垫脚石"，并告诉我："你能辨识草书、篆字，今后要珍惜生命（指时间），有条件做'垫脚石'呵！"

马达加斯加玛瑙

　　先生离去后，我继续搜寻整理丛帖资料，近乎"隐居"，为完成先生"垫脚石"的托付，曾几次找借口要求辞去古籍出版社总编辑职务。今年《中国丛帖综录》积四十年之力即将出版，于是我第一次来到先生的家乡凤凰，下车就沿着沱江水去听涛山看望先生。先生墓前巨大的五彩石上镌刻着他的手迹："照我思索，能理解我。"我心中默默把"丛帖综录"的消息告诉他，仿佛看见先生笑了。

　　在古籍校勘学这条筚路蓝缕的石径上，中国多少代文人都做了"垫脚石"。随着先生戏称三块"垫脚石"的完成，人们踩在"石"上，古籍校勘将更严谨，编纂、研究古人全集将更全面，中国的文化传承会更完整。友人闻讯送来一块奇石，说是石，却透着古玉的温润与坚硬，它像一朵顽强生长于戈壁大漠、历经狂沙磨砺的千年灵芝，我真想把它"种"在先生墓前的五彩石旁，告诉他：先生，这是块多美的"垫脚石"呵！

江南的石 ——

施若可

施若可

曾经求学于中国台湾地区和美国，学习艺术策展和传媒，获新北文学奖第二名。

看到这一块石，就想起家乡江南，想起江南的雨，是散漫而温柔的。傍晚阳光西移，毛毛雨迎着晚晖簌簌地洒落下来，细细密密的，下在灰黑色的瓦上，悄悄的，积了好一会儿才能从檐下蹦出几滴水珠。草木，无论是纤细的小草，还是雨打芭蕉，抑或是残荷听雨，绿油油的，悄悄地被渡上一层似蜡般柔和的光。就是这迷人的雨呀，滴答滴答，平平仄仄地滴在青石板上，滴在石上，开出小小的晶莹的花。

这石或许是靠在小径边墙根底下的，在潮湿的空气中盛着凉凉的雨水，小心地供养着一小片苔藓。雨打在石上，如亲吻般留下了吻痕，这石想必是极爱这雨了。雨的痕迹被记录了，大大小小的雨珠幻化成圆点，一圈圈的，由远及近的，斑驳地美丽着。石在雨中微微透明，润润的，江南的雨连着小时的记忆一同被收入石头之中了。

江南的石低调如玉，却不如珠宝般灿烂。冬天的腊梅从墙角钻出来，默默地开着，也似被凝固进石里了。用手滑过石

头，碰触到微微的凸起，像是仕女眉间的花钿，娇俏动人。南方人讲究不规则的情致，自然为美，所以园林往往是错落有致，石头也纵情恣意地长着自己喜爱的模样。

后来离开了江南，去了一个海边的城市上大学，自由地生长。青春的海岸线上跳跃着大大小小的珊瑚石。它们在大海里面翻腾，在沙滩上游走，等待着和人短促的一见，之后又匆匆回到大海。岸边经常拾得石头，五颜六色的，随处都有小小的孔，它们是珊瑚虫的死亡与新生。我喜欢自由的、绚烂的海边的石头，可以随着浪花游荡，飘散在世界尽头，可以环抱着晶莹的贝壳，在沉静的海里闪闪发光。

不同地方的石也有不同的气韵。当我站在美洲的国家公园，火红的岩壁从脚下蔓延开，直接伸展到天边。这里的石被亿万年前的流水冲刷，后又经风的洗礼，遗世而独立，骄傲着，带着耀眼的颜色在空旷的大地上。人离开熟悉的一切，在异国或顾或盼，想着生根发芽，在张牙舞爪的年纪走着弯弯曲曲的路。曾经幻想的世界一点点地在成长中变了模样，既来之，则安之，曲径或许能通幽。

异国的雨簌簌地下，拍打着学校那被爬墙植物环绕的灰色的墙。敲罢手边的英文，扭开手腕，开始写一张中文的卡片。寒冷萧瑟的冬天，灰黄色的树叶在枝间旋转，身子迈进古堡似的教室，石柱子传来壁炉的余温。建筑会唱歌，石头就是震动的音符。

蓦然回首，梦境里无论迷迷糊糊地走了多久，下不停的总是家乡那场淅淅沥沥的雨。雨滴在石阶上，开出小小的水花。江南的石头迎合着江南的雨，开着江南的梅花，貌不惊人地躲在小院子的篱笆墙下，听着年幼的孩子的笑语。

如果我有这么一块石，我好想将它放在小房间的床头，每天醒来仿佛就能听见江南沙沙的温柔的雨，夹杂着一股股似有似无的梅香。

小楼一夜听雨，还有香如故。

借这些坑，
我浇了自己的块垒——

张浩

2019年春节伊始，国内的舆论充斥着外太空的声音，这自然是与两部涉及外星人的电影有关。这块表皮似乎布满陨石坑的戈壁石，好似就在回应这个热点：神秘的、未知的东西，在地球上还有很多！或许它就是地球命运的象征。

《道德经》里写道：天下万物生于有，有生于无。陨石坑是真实存在的，而对于外太空的恐惧，却是人类自发产生的。没有对家园的担忧和捍卫，也不需要让地球"流浪"，让它自生自灭好了。

我看到这些坑，想起了陨石，但更多想起的是人们内心的慌张。或许，每个人内心都会有一些恐惧，久而久之，会长得密密麻麻，无法对他人言说。一次又一次，似乎就会动摇整个"地球"。

张浩

毕业于中国传媒大学，曾就职于中国新闻社。

　　而作为中国人，哪怕再艰难，也不会放弃自己的根，就像电影中讲的那样，甚至在地球要毁灭之际，还依然要带着它流浪……

生命中所有的慌张和过失，就如同那些坑，初看起来就是一道道伤痕，长结实了，就不再有当初的疼痛感，反而是一种激励，比那些光滑的透明的东西更加贴近自己的内心。要想爬上开悟之坡，必然要经历绝望之谷，那里充满了各种坑，掉进去一度还会让你觉得再也爬不起来。而习惯了，带着越挫越勇的革命乐观主义精神，似乎又可以上路。

谁的心里没有一个看不见的深渊，却又装作无所谓，继续负重前行？

回到这块石头。它现在是一个收藏品，而不是流浪在戈壁的一块石头。于是，它才可以被藏家和我来解读。找到这样一个实物，再从这无法改变的实物中看到不显见的精神，和自己的生命经验结合，或许就是赏石过程中新的创造，这很好玩。

或许，就像"米芾拜石"一样，我真应该叩拜这块石头，它作为一个媒介，让我借机浇了自己的块垒。

那么，米芾拜的那块石头，魅力究竟是因米芾拜它而生，还是它本身就已俱足？甚至，米芾在绘画创作上的神奇，会不会沾了这块石头的光？

这真的无从考证。但我总感觉，历来的大藏家，似乎也都是在收藏把玩中感受到藏品由内而外的沉着自定，接受到一种传衍和召唤的力量，最终才会成就识物知天的心性，看得准，藏得住。要不然，章伯驹怎会倾家荡产，用4万块大洋买下陆机的《平复帖》，240两黄金购来展子虔的《游春图》卷？

古董对于不识其品质的人，或许只是与其历史价值、市场价格相关联的奢侈占有，是身份的标识，是投资的佳品。而对于识得的人，它的价值却不是千金万银可以衡量的。

许多颇具灵性的藏品的存在，正意味着今人依然有自我救赎的通道，在寻找精神归宿的道路上，有一扇方便之门。

重要的是它本身，还是你们俩之间的对话呢？

石不能言我代言——

陈念

陈念

《中国收藏》社长。

尽管零星地收了几枚还算好玩的小石，但对奇石我真的没有什么发言权。

十多年来，奇石绝对是"出镜率"很高的玩意——某市发现了一块形似肥肉的奇石，某人手中的奇石价值上百万元，某地的石头现在可是石友玩的新石种……从这些不绝于耳的新闻中便可窥到"石界"的热闹劲儿。

趣味横生的奇石会让我情不自禁地上手摩挲，也会一时动"拥有它"的念头，但与真正的石友们相比，却少了那份挚爱与执着。

我曾有过这样的拙见：这些天然形成的石头，缺少了能工巧匠的精心雕琢，即便叫价不菲却难以步入艺术品的行列，其偶然性、猎奇性太强，也不乏炒作的意味。后来发现，有一群人对这些奇形怪状的石头青睐有加，甚至到了痴迷的程度。马老师就是这之中的佼佼者，而他对我的影响绝非让我饱了眼福，更让我看到了今人对赏石文化的痴爱与推动。

就说这块戈壁石，一面是黄色沙漠漆，一面则是水晶。荒漠的

广西大化石

戈壁上，怎么就让这么一块石头入了藏家的法眼？不得不佩服奇石收藏家的眼力——历经风沙磨砺，一枚棱角分明、像涂抹了油漆似的戈壁石成了藏家的宝物。

这块石头的颜值不低！即便你对戈壁石知之甚少，但它的色泽、棱角、形状等，都会俘虏不少人的芳心。而它的名字——"流金岁月"更是让人默默念及。是一块什么样的石头，能被赋予这样的名字？

思前想后，左看右望，忽然顿悟：名字绝啦！

身处大沙漠里的戈壁石，一定经历过多少年的风吹雨打后，才能有今天这个模样，而岁月的留痕就这么一道道地刻画在石上。

不得不佩服石友们发掘这些不能言奇石的能力。明明就是一块其貌不扬的石头，玩家们却能阐释出超乎你想象的文化内涵。经他这么一点拨，再看这石头，你会越看越觉得他说的在理。正所谓：石不能言我代言！当然，如果你对奇石没有真爱，没有足够的审美能力与鉴赏力，没有深厚的文化积淀，恐怕是难以真正"代言"的。

"石不能言最可人"的名句为赏石赋予了特有的文化。其实中国的赏石也颇具国际语言，在西方人眼中，它们就是抽象的雕塑艺术品。于是，越来越多的老外们，也喜欢购藏几块奇石陈列于家中。当然，他们的"爱"与我们文人的"爱"或许还是有差异的——前者恐怕只停留在奇石所带来的形式之美，后者却徜徉在博大精深的石文化中。

说起石友们的"代言"，他们赋予奇石生命力的能力也没谁可以比拟——"流金岁月"，这名字叫的，令人折服。而这一个个贴切的名字，除了显现出奇石的个性之美，还彰显了一块奇石的气韵之美，以及精神所在。难怪人们在解读这些观赏石时，习惯称它们为"无声的山水诗"。显然，蕴含石中的意境也绝非读懂几首古诗就能体会到的。

石头如此，人更如此。与马老师的交往要追溯到20世纪90年代，掐指一算，20多年的光景就悄悄地从我们身边流过。与马老师相识，皆因工作的关系，当时都在从事收藏方面的编采工作。那时候，做收藏编采工作并不容易，从选题设立到采访对象再到成文，都需要四处奔波、四处打听，然后才是伏案吭哧吭哧地码字。哪儿像今天，鼠标一点，或者手机一搜，相关信息就奔涌而来，东看看西抄抄，兴许一篇不错的文章就诞生了！但就是这么费周折的事，我们从20多年前一点点地积累，一路走到了20多年后的今天——我们这几位硕果仅存的"骨灰级"收藏媒体人，要不就已经退休了，要不就快要退休了。岁月不待人！

近来与马老师见面的机会少了，却常能从朋友圈里拜读到他执笔或他推荐的奇石美文。不少人都感叹：在奇石收藏方面，今人是很难有古人的心境了——功利心太重！每次马老师推送的奇石美文，都让我读到和看到不一样的心境，这点滴的推动看似没什么，却是润物细无声的。就像20多年前我们开始从事收藏版的编采工作——渐入人心、渐入佳境。

年前与马老师相约：我们要以文相会，特写此拙作。我想下一次我们或许会以石相会吧。

玛瑙花之夜

步雄

步雄

北京作家协会会员，长于散文、纪实文学写作，已发表文章500万字。

　　林林总总的观赏石种中，马兄最爱戈壁石，在他众多戈壁石中有一尊在赏石界很有名气的美石——"雄狮"。

　　"雄狮"系戈壁石玛瑙花质地，玛瑙花是戈壁石中的佼佼者，属于玉髓的一种。是亿万年前火山岩浆冷却过程中形成的，天工独塑，质朴自然，造型异常丰富而生动。该石种目前已经接近枯竭，为观赏石收藏的热门品种。玛瑙花数量极少，大块儿的更少，象形的则是凤毛麟角，一枚精品在手，有着道不尽的风流，说不尽的门道儿。"雄狮"就如是。这是一尊踞高而望的雄狮，玛瑙花致密规则的天然纹理构成了它蓬松而威猛的鬃毛和力道紧绷的肌肉组团，看上去活灵活现、栩栩如生，昂扬着生命的蓬勃张力。尤其那只眼睛堪称神妙，可谓无其目徒有其形，有其目可入神也。

　　藏石其实也是收藏记忆，即使收藏宏富的大家也不会忘记自己每一块石头的由来，颠来倒去，细斟慢品，与朋友、同

事、文友、石友间的桩桩趣事、美事都附着在上面。

那是一次愉快而难忘的探秘之旅，十几年前的秋天，我和马益群、张东林、胡春辉、王维平、罗景春等一行人驱车去内蒙古阿拉善左旗觅石。除了我以外，他们都是这里的常客，不但熟悉这里的市场，而且和当地有名的几位藏石大咖也交情深厚，周游几天后所获不多，都感觉新货不多，且价格大涨，很难觅到让人眼前一亮的货色。终于，慧眼独具的王维平发现了一只惟妙惟肖的象形石，但总感觉像得可疑，担心被做了手脚，经过几番望、闻、问、切也无从辨别，终于在反复思忖后买下来，价格不菲。同行的张老师也觅得一枚"雄风"，货卖予识家。那几天，幸福和甜蜜一度延伸到他们的梦中。后来我听到一个扫兴的消息，"雄风"在一次把玩的过程中断掉了，断口处的粘痕隐约可见。而王维平的那块美石虽然始终没有看出破绽，但主人总是惴惴的，心思总在疑与不疑之间。

倒是我的收获颇大，在马兄和石友们的考察、分析下，我写了一篇《观赏石做假十招》发表在马兄主编的收藏版上，把从染色、粘接、打磨、描绘直到树脂灌注成形等做假手法予以揭露，引起了不少石友的共鸣。时移世易，原本淳朴的阿拉善观赏石产业正在悄悄地发生着异变。

好在阿拉善美丽的自然风景给我们以慰藉和念想。一个美好的夜晚，我们一行人应当地石友之邀在帐篷中吃酒，手把羊肉的丰腴，蒙古美酒的劲道，伴着歌唱家王维平高亢入云的《我的太阳》，令人陶醉。众人飘然步出帐篷，仰望一轮明月，远山近树染上了一圈银辉。车行处，一曲《草原之夜》犹如天籁之音。啊，苍天般的阿拉善！想把这浪漫之夜记录下来，竟忘了把随身的摄像机带来，留下了今生一大遗憾。

此行后的十数年，张东林作为中国奇石专委会的会长，不断推出一个又一个饶有影响力的活动："中国十大国石评选""奇石'岁月'亮相展"……激动着石友们的心，推动着中国观赏石艺术的发展。

最美好的经历总是难以忘记。如今，石友们的奇石收藏都已叠床架屋，美不胜收，但徜徉其间却每每不知有石，每一块都是他们固化了的一段过往，闭上眼睛摩挲，每每让他们再沐大戈壁的月夜风花。

想你，美人——

彭俐

彭俐

《北京日报》高级记者，书法家、诗人、
作家、文化学者，文艺评论家。中国作家
协会会员，北京作家协会理事，中国电视
艺术家协会理论研究员，中国曲艺家协会
会员。著有人物传记《醒木惊天连阔如》
《真个汪国真》，散文集《热爱思想》
《行走京城》《行走在纸上》，诗集《剪
一缕阳光》《我和祖国》《诗画谱名医》
等。为北京市大型宣传画册《北京》撰稿
人。作品曾获中国新闻奖、北京新闻奖、
中国报纸副刊作品金奖，并获中国曹禺戏
剧奖及评论奖、中国文联评论奖、中国电
视金鹰奖评论奖等。诗歌与散文被收入国
内语文教材与高考试卷，并被选入新加坡
小学华文课本。书法作品多次参展并被博
物馆收藏，包括"中日名家书法展""首
届澳大利亚全国美术展"等。

　　谁能不想美人呢，反正我想。比想上帝的时候
多得多，或者说上帝就是美人。想美人，浪费我大
把大把的时光，怎么能说浪费呢，那是你不知道美
人有多好。她好得让你不管她好不好，甚至不管她
跟谁跑、对谁好。想，一生一世，天涯海角，你就
是痴呆呆地想，常常忘了这样想是不管用的，却还
是要想，想就该有想的道理，但我没有道理，想，
就是硬道理。

　　想你，美人。一块石头都能抱你，为什么我不
能。你修长的身材，且长发飘飘，诡秘的眼神让黑
夜变得更加神秘，甜蜜而又短暂，莞尔一笑不是挑
逗也是撩拨，使阳光更加灿烂而白昼也如此浪漫，
仿佛天地都在颤抖，无尽的岁月里山高水长。一部

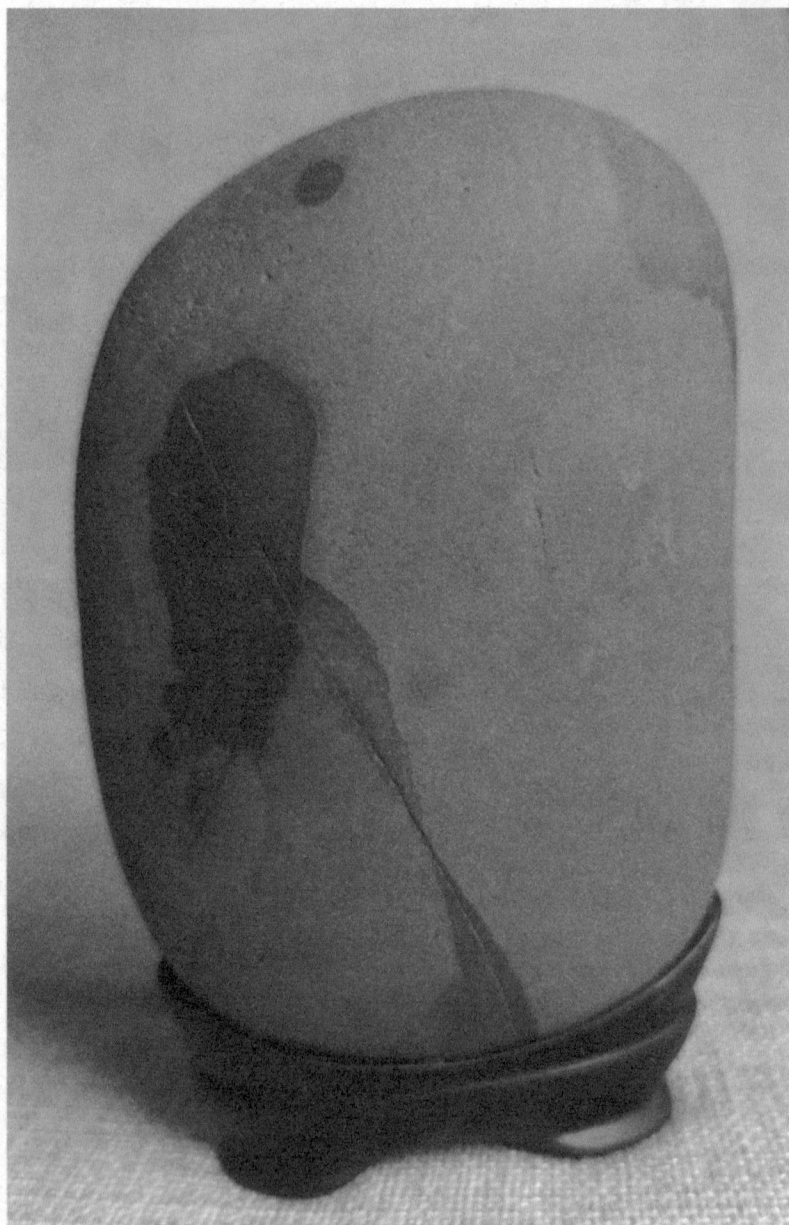

长江石

《诗经》就是美人辞典，"硕人其颀"，说的正是你；"有女如玉"，说的也不是别人；"清扬婉兮"，说的还能是谁？！

抱着美人的石头，就真比我更幸福吗？这不能让石头回答，要去问美人。美人，你会怎么说呢？古代佳丽不乏文采，更懂恋情，"上邪，我欲与君相知，长命无绝衰""愿君与妾泪，两处滴池水，看取芙蓉花，明年为谁死"。而我，还记得你的耳语，人在爱慕心切时的羞涩，也在满面红晕时倾倒。太平洋之浩瀚比那一汪池水如何？马里亚纳海沟难道不是情人的刀割留下的伤痛？人心有多么柔软，情爱就有多么缠绵。

虽然，我这样想着，但我还是羡慕石头。石头，听我说，你怎么那样有福气呢。当你抱定美人时，作为一块潦河中普通的河石，你比昆山之玉，比南海之珠，比世上的钻石、翡翠、水晶、玛瑙，不知要吉祥、幸运多少倍。你知道吗？你当然知道，你是天下万石之王，荣耀无比，尊宠有加，全是因为你怀抱中可人的尤物，何止可人，多么可心，何止可心，多么可爱。世间难寻，抱得美人归的福分，而兄独享。

一石冥顽而一花芳馨，我心缱绻而思绪纷纷。人间事，常有大谬不然者，惊骇、瞠目之余，唯有叹息……造物无情兮，造化弄人；生离死别兮，难通音问。见不得秋日长空大雁比翼，春天海子鸳鸯追逐。琴，不可以奏《梁祝》；歌，不可以唱《吻别》。星子如眸子，月牙似巧笑，一并伤情，黯然无语……想来想去，也想不出什么来，竟然还是那句话，想你，美人。

人生不过百年，而情爱可以万世。

风在想，于是花飘香；云在想，于是雨丝长。我禁不住风云之思量，你就是花雨之飞扬……

赏石，赏的是人生况味——

林明杰

老子曰："天下皆知美之为美，斯恶已。"对此说，人们理解各异。我的理解是，当某种"美"的定义成为统一的集体意识时，那就是"恶"了。

在中国艺术史中，有一些文士和僧道研修者时而会起到一个尚未被学界准确评价的作用，那就是打破习惯性审"美"思维，颠覆普遍性的审"美"观，从另类视角开拓艺术视觉经验和拓展人们对待事物的看法，把芸芸众生理解的"美"视为"俗"，把主流价值观心目中的"丑"化为"美"。这样的例子一而再、再而三地出现在中国艺术史上。

从宋朝开始，中国的文人在审美观上对"丑"就情有独钟。米芾"瘦漏透皱"的赏石理论，被视为中国另类审美学的开山鼻祖。而苏东坡在"瘦漏透皱"上以"丑"字高度概括，可与米氏并列为中国"丑"学二祖。

当人类物质文明尚未能保障普遍温饱时，社会普遍观点认为：健壮肥硕是美的，瘦是丑的；密实坚固不透风雨是美的，漏且透是丑的；光滑润泽是美的，皱是丑的。米苏二家之说，

林明杰

《新民晚报》高级记者、艺评专栏《林距离》主笔，上海视觉艺术学院美术学院教授、艺术总策划，复旦大学哲学院人文智慧课堂特聘教授，上海工程技术大学客座教授，中华艺术宫和刘海粟美术馆艺委会委员，上海文艺评论家协会理事及美术书法篆刻摄影艺术评论专业委员会主任，国家艺术基金和上海文化发展基金会专家评委，克勒门文化沙龙联合创始人，出版艺术评论随笔集《艺术是同床异梦》《艺术是漏网之鱼》，运营艺术微信公众号"艺术林距离"。

在当时堪称惊世骇俗了。

在西方的美术史上，纵然意大利文艺复兴前所未有地解放了人性，但在审美上还是一直谨小慎微地讨好着大众的审美，在审"丑"上，不敢越雷池一步。直到19世纪末，罗丹雕塑出《老娼妇》这一作品，才首次公然宣告了"丑"的美学价值。而一两百年前，扬州八怪早已在中国闹腾得沸沸扬扬、见怪不怪了。

奇怪的是，在当代世界艺术这个千奇百怪不一而足的时代，历史上勇于开拓另类审美的国度，却变得只知美之为美，不知丑之深意了。

对丑的张扬，从个人角度来看，可能是文人风骨特立独行的寄托；从人文角度来看，也是对世间苦难的直面和关怀；从参禅角度来理解，或许是"无分别心"的体现；从哲学角度来看，则是对习惯性思维的突破。

艺术的作用，并非仅是形色之愉悦，更在于人性之提升、思维之拓展。

古人赏石，以石明志，以石喻世。今人赏石，多执着皮相，以肖犬马龙蛇为乐，以繁纹巧色为贵，纵有"瘦漏透皱"之姿，已乏"瘦漏透皱"之风骨了。

石头，是无生命、无思想的顽物。赏石，其实赏的是人生况味。当今之世，当今之石，纷繁琳琅皆远胜古时，愿爱石者、赏石者，透过皮相，玩出点儿新意思来。

石不能言最可人

程天赐

程天赐

《农民日报》文化生活部主任，高级记者。

　　奇石，讲求的是形奇、色美、质优、纹靓、座佳。一石一世界，一石一亘古，天地万物浓缩其中的奇石，是无声的诗、有形的画、无音的曲。大诗人陆游讲过："爽借清风明借月，动观流水静观山。""花如解语还多事，石不能言最可人。"奇石的魅力从古至今从未消退。一方石头，也许本身的用处不大，可经过人们慧眼"美的发现"，被赋予一定的寓意后便有了灵气和文化内涵，凸显出它真正的价值，由"无用"变为可供清赏。一块精美的奇石往往令人百看不厌，妙趣横生，爱不释手，神思悠悠。这里面有发现之乐，会心之美，陶然忘机之趣。古代米芾拜石、东坡醉石、板桥画石、蒲松龄赞石，留下千古佳话；文人雅士"园无石不秀、居无石不雅"，讲的是节操、品味。

　　然则，"石者，实也"。出自山野河床的赏石奇石，偏偏与老百姓搭不上多少关系吗？

丁酉夏日，参加"相约云南北大门"报纸副刊作家水富文学采风活动，始知地处金沙江、长江、横江交汇处的水富县，玩石之人已有数千众，其中不少石农。大部分奇石爱好者不仅捡石、赏石、玩石、论石、收藏新石，也出售奇石。奇石不仅丰富了水富的文化，更盘活了一方的资源与经济。奇石经济成为金沙江向家坝水电站库区移民"搬得出，稳得住"的富民文化产业。赏石，这种"不用之用"的雅文化，飞入寻常百姓家，让库区不少移民吃上了文化饭。

金沙江自青藏高原流入水富，总落差5062米，横江自乌蒙山昭鲁地区流入水富，落差1600米，两江在境内流程近百公里，沿岸冲积形成数十个江滩碛坝，造就了丰富的奇石资源。图案石、纹理石、象形石、色彩石、文字石以及古生物化石等精美绝伦、闻名天下。金沙江奇石质地坚硬细密，石肤较为光滑，石色清爽明快，线条流畅，外观形状好，自然古朴，具有神秘的空灵美、深邃的意境美。赏石爱好者收藏的"田园卫士""红佛手""男耕女哺""哺育之恩""盛世腾龙""江山多娇""平湖秋月""金鱼""脸谱""金蟾朝佛""东方红""太阳神""云南映象"等一批精品金沙江奇石在国内、国际奇石展上屡获大奖，从而使水富金沙江奇石品牌声名远播。

中国西部大峡谷温泉奇石城是水富县为带动温泉社区移民发展，依托"中国观赏石之乡"而建立的文化产业示范区。2012年12月8日，水富县启动奇石城建设，把石文化产业发展作为移民后的扶持工程，让金沙江画面石、南红玛瑙唱主角，同时拓展各种优质奇石品种、珠宝玉器和民间工艺品，建成中国西部大峡谷温泉奇石城。

周文清、徐六贵夫妇是温泉社区众多移民中的一户。丈夫周文清在外打工，听闻家乡温泉奇石城不错，决定回来从事画面石生意。店铺以妻子名字命名——"徐六贵奇石铺"，由徐六贵管理。周文清每天早起，穿上雨靴，背上背篓，骑着摩托车来到金沙江、横江浅滩上寻找美丽的画面石。捡画面石得看运气，瞅准一枚石头搬到岸边，用刷子刷去上面的泥渍或青苔，看画面好不好，有时几经周折，才能找到一两枚较为中意的石头，捎在摩托车后座上带回家，徒手而归的情况也是有的。夫妻俩起初不懂如何给石头取名、定价。石头的价格从几百元到几十万元不等，主要看石头的

长江石

形、质、意以及画面呈现。目前，他们最得意的藏品是镇店之宝《流动的肖像》，石面上一张清秀俊朗的男性脸谱，流水冲刷下呈现出的天然纹理线条，气韵生动。邻里们打趣说："这枚石头应该叫'金江男神'！"一到周末，从外地来奇石城看石头的买家都忍不住被它吸引前来询价，周文清怎么也舍不得卖。温泉奇石城的每家店铺都有几件珍奇的镇馆之宝，有的号称"八大金刚"，它们成为主人的骄傲和奇石城文化品味与魅力的象征。石农们解决温饱小康之后，就希望展示并留住最美好的奇石文化为家乡永续添彩。

但"石卖有缘人""女儿大了总要找婆家"，何况石农们谁家不是尽心收养着满堂"心肝宝贝"却又个个"待字闺中"呢？两年前，我常乘着月光和夏夜虫鸣，徐步从温泉宾馆神游至山坡下灯火阑珊的居民区奇石城，挨家铺面赏石，与主人喝茶聊天，兴尽而归。其中就有徐六贵家，六贵夫妇为人朴实，讲了许多捡石头的甘苦趣事。

石性和人性相通。每一块奇石，都有独一无二的禀赋灵性，都是大自然鬼斧神工的杰作。赏石能修身养性，我们读懂某件石头的美，给它一份爱的同时，它也回馈我们同等的爱、快乐和满足。这世间万物，一切的交往原是极平等的！

石上的达摩——

李静

李静

《北京日报》热风版主编，作家。著有话剧《大先生》《秦国喜剧》，批评随笔集《捕风记》《必须冒犯观众》等。

某兄，清瘦俊逸，道骨仙风，以藏奇石为乐。相识廿载，我却从未见过他那些宝贝的真身，遂激将法道："不给看，是不是因为没啥好看的？"他笑而不答。这日，兄途经报社，上得楼来，将一方匣置于面前，徐徐打开，只见一本书大小、夸张的瓜子儿形铁观音茶汤色石头，露出真容。我笑了起来："瞧瞧，我没说错吧？这样的石头，我出门给您捡上一箩筐！"

他坐下，不急不愠："你再细瞧，看到什么了？"

再细瞧，见这"瓜子儿"的底部，有一道似断若续的枯墨之色，"瓜子儿"的上端，有同样的枯墨之迹，状如初中植物学课本里的草履虫。"一条草履虫嘛，有啥高明？我拿毛笔还能画得更好呢。"

温文尔雅的老兄受不了了："行行好，这不是毛笔画的，这是大自然画的好不好？"

　　这个嘛……我瞅了瞅那墨色的线条，凑近看、搁远看、摸了摸、抠了抠，亿万斯年，老天爷愣是在淡绿色的石头上画了条草履虫，也算不容易吧。

　　老兄把石头颠倒了一下，使得那"瓜子儿"尖儿朝下，底儿朝上，放在一个石托里。"换个角度，你看，画面截然不同，"他循循善诱，"你说的这条草履虫，这么看像不像一位老僧，在一座逼仄的石洞里面壁？你再看这道遥遥呼应的墨线，是不是宇宙洪荒的象征？发挥点儿你的直觉，这幅画，是不是挺写意的？"

　　"呃，你想让它写啥意呢？"

　　"这块石头，我称它'达摩面壁'。"

　　达摩？嗯，我喜欢。一个南印度人，一千四百多年前为了弘扬佛法，不远万里，来到中国，受到梁武帝的接见。二人之间有一场著名的对话，为后人津津乐道。

　　梁武帝："朕即位以来，造寺、译经、度僧不可胜数，有何功德？"

　　达摩："并无功德。"

　　梁武帝："何以并无功德？"

　　达摩："这只是人天小果有漏之因，如影随形，虽有非实。"

　　梁武帝："如何是真实功德？"

　　达摩："净智妙圆，体自空寂。这种功德，绝不是尘世间有为之法所能求到的。"

　　梁武帝："如何是圣人所求的第一义谛呢？"

　　达摩："廓然浩荡，本无圣贤。"

　　梁武帝："跟我说话的是谁？"

　　达摩："我不认识。"

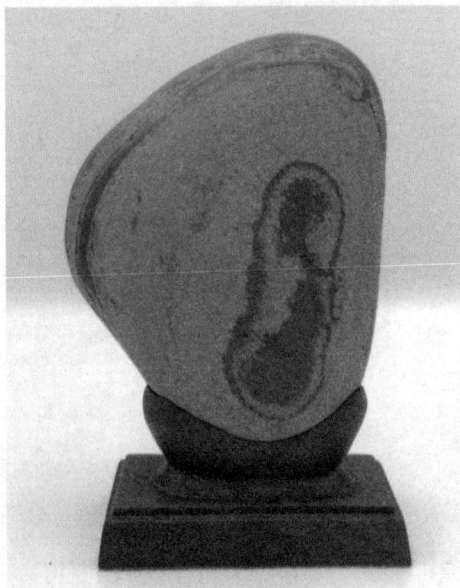

　　梁武帝勃然变色，心想：这哪是高僧，分明一杠精。达摩见话不投机，知道此地不宜弘法，遂悄悄"一苇渡江"，来到长江北岸，在嵩山西麓五乳峰的一孔天然石洞中，面壁九年。直到遇见向他求法而自断左臂的慧可，他的衣钵才传下去。明代画家宋旭据此事迹，曾作《达摩面壁图》。图中达摩长目高鼻，络腮胡子，披猩红僧袍坐在蒿草环生的洞口，遥望远天，神情寂寥，像是在面壁间歇，想着浩渺的心事。画上题诗："问法金銮不顺情，折盖潜向少林行。若无断臂来承受，辜负如来十万程。"

　　这是超越之心与尘世之心的一场较量。从历史记载上看，达摩胜利了，梁武帝后悔了。但从今天的世情看，还是梁武帝占了上风。中国人空前痴心地扑在"威福，子女，玉帛"上，迷恋红尘俗世，膜拜帝王之业，对禅宗初祖达摩老僧的做派和看法，愈发感到不可思议，不接地气。

　　那么，老兄命名此石为"达摩面壁"，还真应景。就让大自然朴拙的手，记下一千四百多年前的那个瞬间吧，给这物欲弥漫的人间，吹一缕清凉的风。

石头的记忆——

孟潇

孟潇

文学博士。中国艺术研究院中国文化研究所助理研究员。研究领域涉及艺术文化学及中国古代思想史。近年，专注于民间记忆及诗歌、绘画、戏剧等艺术门类的文化学阐释。目前在云端有一个虚拟的书屋，以声音节目《昨日世界》记述世间的真与美。

　　总会与一些石头相遇。比如，在青海湖，一块青绿色的长方形石头薄片被我攥在手里带回了家。还有，朋友小竹从南迦巴瓦山带回一块山形的青白石头送给我。在湖水边，若恰好遇到轻、小的石头，又碰到心眼里去，就以石念之，放一颗到口袋中。这样，书架上就林林总总地置放了好多这世上的湖水与山，还有好多不舍消弭的人间情味。

　　不知缘何，总有一些朋友从远处回来带一颗小石头做礼物。比如诗人蓝蓝有一年从希腊回来，她电话里说："从希腊带了一颗小石头给你，它可是一块来自希腊的石头呢。"就是我的先生当年定情，也是在一座剥落的唐代石塔边捡了一小块碎成两半的塔身落石相赠，言："这是一千多年前古久石塔的赐予，它们可以合在一起，这一半给你。"还有诗人沈苇，有一年赠别的礼物是一块从新疆的大漠带回的硅化木，记得他当时说："这是几百万年前的树木变的。"同门师妹芸薇送的两块

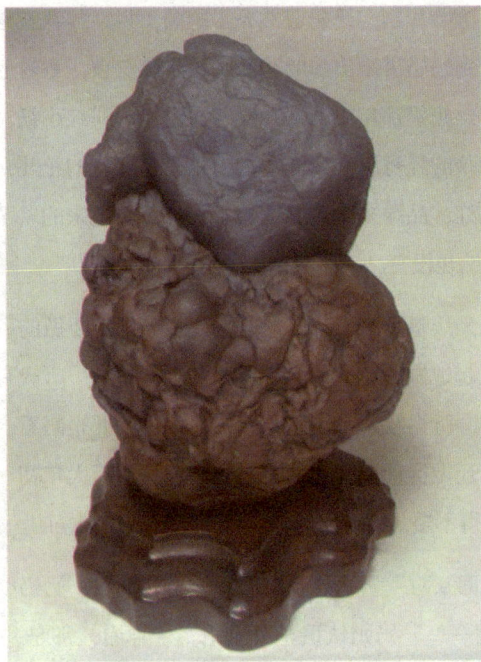

内蒙古戈壁石

米白上有土黄的石头来自甘肃，她说："像佛足。"温润的质地，每望过去，就像看见芸薇。还有一块火山石，是一个学音乐的朋友从一座真正的火山边带回的。

　　书架上的山川河流与人，都来自大地。这些土里长出的事物，是比人类更漫长的时间。因缘际会，又遇见一块石头。朋友说，这是内蒙古戈壁的玛瑙石。"你看，它像不像龙猫？"的确，这块石头顶上有一块毛茸茸的青灰色，和龙猫身体的青灰色一样，而且这块石头看起来是温软的，有笑意的。它更像是一个人，仰望着的脸颊，青灰色的头发，褐色的大碎花袄子，像是我的奶奶。是的，我的奶奶九十多岁时，头发还有一些是黑色的，映在灰白的发间，远看就是这种青灰色。她总是笑盈盈地望着我。有一年，大年三十，家人们从奶奶包的饺子年夜饭桌边各自散去，奶奶家安静下来，我们没有开电视，外面零零星星有着鞭炮声。奶奶在香炉前祭了刀头肉给爷爷，还有很多祖先的亡灵，天地神明。奶奶说，这个夜晚房子要亮着灯，不然爷爷回来就找不到家了。沉吟片刻，奶奶忽然亮了眼睛，说："我就是七十年前的今天结的婚……"第一次听到奶奶讲她出嫁的时间，也是除夕夜，竟有七十年那么久了。又讲起结婚那天的情形，奶奶那年十八岁，穿着自己做的粉红小袄，蓝色直贡呢裤子，裤面上有自己绣的大朵的牡丹花，黑洋布鞋上也是自己扎的花儿，是用养的蚕，吐茧后抽丝纺线，买了品红、品绿来染色做成的彩线，戴着租来的轿子里的珠冠出嫁，什么也没有，连一个枕头也没有。

讲起过去过年，从腊月二十三祭灶开始，每天都有要做的事，单单做面点，就有很多讲究。奶奶说起她做的花馍的名字"鲤鱼金沙"……（我有些忘记了）只记得一个一个玲珑的名字，听得我睁大了眼睛。奶奶说，你要是想看，奶奶明年都给你做一遍，要是奶奶明年还做得动，你也回来早的话。又讲起大年初一，总会去村口"转槐树"，奶奶说她长得不矮，就是小时年年到村口转槐树转来的。

那天晚上，要回家时，奶奶送我出门，一出楼洞口，奶奶望着天说："哈，船舶星都走到这里了啊——"奶奶认识整个星空。"你看，那是井星，赵三娘去井边提水，摔了一跤，所以井缺了一个角儿。"真的，井星的一角儿有一颗弱星，若隐若现。"那是勺星"，嗯。旧时候，奶奶没有表，星空就是她的表盘，她看着星空，会和爷爷在凌晨三点准时到达兰州火车站，用两盏大铜壶卖他们在家做好的热腾腾的油茶，给每日凌晨三点十分下火车的那些又冻又饿的乘客吃……记得奶奶说起过一九五六年的一天，奶奶在兰州城的土墙边晒太阳，奶奶望着日头，心里说着："我们家这么穷，太阳也见天从我们门口过，没把我们隔过去。"看着这块有着灰白色头发、微微仰着脸的内蒙古戈壁玛瑙石，想起我已过世两年的奶奶。此刻，她也许正望着星空，或者太阳。

士人风骨石头记
——
童凯思

童凯思

纪录片导演，主要作品有《译制片回眸》《中国新音乐的N个瞬间》《博物馆与三国文化》等。

石头原是最平凡之物，然而一旦摆在古朴雅致的居室里，尤其是经过收藏者精心布置的环境，仿佛自然而然地，就笼上了一层无可言说的神秘氛围。比起恋人的照片，比起一宗富于光泽的乐器，虽是一样的缄默无声，而书架上或者壁龛间，若是陈列着形态各异、纹理奇特的石头，在心灵的娱慰之外，又多了一种犷顽中的温柔，好似来自宇宙洪荒的信息。

我没有玩过石头，也没有见识过藏家的宏富收藏，不过因缘凑巧，某友人送我一块石头，说是广西水石。灰黑光滑的石面上，留有水流冲刷出的赭黄色斑纹，惊犹鬼神者，是看上去竟如"士人"二字，且笔画俯仰有度，字体舒展超逸，俨然汉隶风采。

"士"，多么熟悉而又相隔久远的字眼，今人多明白知识分子、学者、专家是怎么回事，对"士"的概念反而生疏了。中国的"士"在基本性格上或与西方近代的"知识分子"多有重叠，但彼此的文化背景差异太大，不好混说；且语言的奇妙在于，字面既已不同，即或含义相近，味道仍是大有分歧。好在手中有了这块石头，可以不去理会那些典籍史册，单是细细品味"士"字的造型，即如回到天地之始。

从字形上看，"士"给我的感觉，好像一个衣冠整肃的侠者，扶膝端坐，腰杆挺直，方正中自有一种凌厉的气概。文字学家也认为，士，与王、皇一样，都是一个人端坐的样子，只不过王和皇的头特别大而已。自先秦起，士在成年时要行加冠之礼，天子、诸侯、大夫则不但加冠，还要加冕。可见士从祖谱上就有贵族的DNA，至于后来的爵士、绅士、名士、隐士、武士，无论发生怎样的流变，总归有保持高贵、体面和尊严的意思。

高贵不是生来就享有锦衣玉食、不劳而获的特权，也不单是博学、富足和优雅的集合，而必得是生性豪侠，自以为出身高人一等，所以行为也非高尚不可。历史上，西方的贵族曾盛行决斗，对荣誉攸关的事，不惜性命相搏。路易十四一朝，卢森堡元帅一说要开战，凡尔赛宫立刻为之一空，平日讲究缎带与假发的风流人物自告奋勇，投军入伍像赴舞会一样踊跃。"岂曰无衣？与子同袍。王于兴师，修我戈矛，与子同仇！"春秋时期的士就有这样的慷慨豪迈。岂止是士，彼时无论天子之尊，还是国君、大夫都以上阵出征为乐事，一个贵族男子若不能从军，简直是奇耻大辱，因为一般的平民还没有资格当兵。卒上战场只是布衣，只能做马前卒，而士要披甲胄，乘车作战。读屈原的《国殇》，可知楚军的士气是何等壮阔："操吴戈兮被犀甲，车错毂兮短兵接。旌蔽日兮敌若云，矢交坠兮士争先。"

当日的士也不是一味地勇武刚强，也有视敌人亦能如知己的豁达明朗。城濮之战，晋楚两国争霸，晋国有文公亲临战场，楚国则由令尹子玉挂帅。战前双方各遣使者相互致意，晋侯不忘昔年重耳亡楚时对楚成王的承诺：他年若晋、楚治兵，遇于中原，当退避三舍。此后又有鄢陵之战，晋国的君子栾鍼遥见楚国名将子重的战旗，肃然起敬，乃派下臣前往送酒，子重也躬身答礼，接过酒具一饮而尽。两边的对话客客气气，反比同一阵营的盟友更知道互相敬惜。想来是感念于古代士风的"言忠信，行笃敬"。在小说《神雕侠侣》中，金庸特意在岘山的羊太傅庙旁安插了一段情节，借两位江湖人士之口向三国时的襄阳守将羊祜及"堕泪碑"致敬。因为羊祜镇守襄阳时，和他对抗的是东吴大将陆逊的儿子陆抗。陆抗生病，羊祜送药给他，陆抗服之不疑。部将劝他小心，他说："岂有酖人如羊叔子哉？"一时传为美谈。羊祜死时，连东吴守边的将士都大哭数天，"这般以德服人，那才叫英雄呢"。

内蒙古戈壁石

揭示"士志于道"的孔子虽然提倡文教，但也知武事，他讲"君子有三戒"说："血气方刚，戒之在斗。"要做到"戒之在斗"，须得有"斗"的技艺和勇气，并不像后世的儒生一般手无缚鸡之力。只不过传统封建贵族还要讲究君子风度，孔子的学生子路身陷刀戈，也不肯免冠，就因为不能丢掉士的尊严和体面。何况身为家臣，他为救孔悝于内乱，赶往国都时国门已经关闭，本来不必作无谓的牺牲，但他抱定"食人之禄，忠人之事"的信念，慨然赴死。这才叫"仁者必有勇"，这才叫"可以托六尺之孤，可以寄百里之命，临大节而不夺"。到了战国的刺客聂政与荆轲，依然是"彼以国士待我，我以国士报之"，虽则气贯长虹，毕竟专逞武技，是破了音的侠义精神；而如苏秦、张仪之流的舌辩之士又只是凭舌头混饭吃，到底不及旧贵族的文武两兼、志在天下来得雄强阔大了。

然而，"士不可以不弘毅，任重而道远。仁以为己任，不亦重乎？死而后已，不亦远乎？"这一原始教义，还是注入了读书人的精神血脉，只是先秦的"游士"多已成为秦汉以后的"士大夫"。汉末党锢领袖如李膺，史言其"高标自持，欲以天下风教是非为己任"，其实倒不如李劼先生看得透辟：持浪子心态居庙堂之高，以王者气度处江湖之远。因为在道统上握有舆论权，时人想要荣登龙门多要靠名士的品题，李元礼一句话，比汉廷的官爵禄位更能决定士子的声望。如此波荡众生，难免触犯天威，祸将不远。政治不是道德攀比和道德标榜，而是一种制度性的操作和运行机制；国事也并非义举，万事临头，当然是利害得失在前。阔谈仁义、耻于言利的儒士，在"王天下"的体制中只能辛苦凑合理想主义和功利主义，落得个身后名节垂汗青。在历史洪流间，总是魏晋名士的风度最让人追怀，他们集体性地有自知之明和知人之明，所谓率性任诞，通脱放达，其实是看穿了时务的荒诞，直抵生命与享乐的玄奥，饮酒、服药、抚琴、玄谈，临危不惧，视死如归，通体散发着诗性的幽光。有这样的神智器识为底色，魏晋风流才成为千古绝唱。

及至晚清，西风东渐，中国文明从制度文物到伦理观念皆遭逢"三千年未有之变局"。一样的"士志于道"，"道"的内涵却嫁接了新的含义，士子的心灵也因而空前激荡。王纲松弛，地方崛起，中央集权的铁板一块大为松动，民风骤然饱满，风尚愈益开明，思想活跃，俊彦迭出，以至陈寅恪在唱挽清末时，有"海内承平娱旦暮，京华冠盖萃英贤"的怀念。有人以为那个时代暮气沉沉、老朽不堪，可是试看光复会志士如徐锡麟、秋瑾、章太炎、陶成章，哪个不是侠骨嶙峋，敢作敢当，从严复的"开启民智"到梁启超的"新民说"，又是何等意气扬扬，英姿勃发。仿佛是对周王室式微之后诸子百家争鸣的遥远回应，民国时代也是群雄并起，武人有武人的直爽，文士有文士的狂狷，连实业家如张謇、卢作孚也有古之士风。胡适回国时才二十六七岁，成名后每周择一日，家门敞开，各色人等进去和他摆龙门阵；刘文典因为自己主持的安徽大学闹学潮，蒋介石向其问责，刘当面骂蒋是新军阀；1947年内战方酣，傅斯年公开发表文章《这样子的宋子文非走开不可》，半个月后宋子文被撤职……这是古老国家向现代文明的庞大转型，新旧结合的"士"的精神、"士"的集体人格，如同一次告别演出式的呈现，光华灿烂，每一思之都令人神往。

眼前这块石头上的"士人"二字却并非人力所为，纯属大自然的妙手偶得，我愿意相信是冥冥中有个大的天意要"寿之贞珉"，希望我们这个民族能够士气长存。

心藏灵石，默敬自然——

陈七妹

陈七妹

曾供职于《北京青年报》，现居住瑞典。

每年七、八月份，大部分瑞典人都会一路东行，在哥特兰岛上停留一两周，悠然享受属于鲜花与阳光的美好季节。哥特兰岛附着于瑞典东海岸，是波罗的海沿岸最大的一座岛屿。在怪石矗立的海岸线上，散落着无数亿万年前的珊瑚、贝壳、海螺化石。无论旭日初升还是斜阳余晖，总能见到不少大人、孩子低着头边走边寻。海风迅疾清冽，气温并不炙热，但是海滩寻宝却一直吸引着游人——搜寻到大自然馈赠的惊喜，即便只是一枚小小的菊石也令人兴奋。亿万年的地球变化，跨越时空的鬼斧神工，孕育出一颗颗带有远古生命讯息的石头，正是莫名的缘分让我们和它们相遇，能够捡拾、把玩、欣赏、猜想、收藏。

瑞典地处北欧，国土森林面积大，自然地貌除了东西有海岸线之外，变化寥寥。观赏石以矿石、动植物标本为主，很少有人收藏天然奇石，也不存在炒石、赌石的社会现象。对于很多瑞典

安徽灵璧石

人来说，捡石，赏石，藏石，是纯粹的个人爱好，他们也喜欢对石头进行再次加工创作，比如做成装饰画或者工艺品欣赏。这种业余爱好，就像秋天去森林里采摘蘑菇和浆果一样自然。石头本来就是来自老天的礼物，享之无愧，取之有度，丝毫没有功利心，更不会为了获利而去破坏自然环境。

在瑞典的二手物品交易网上，经常有人出售意外所获，一些化石爱好者的论坛里，也时常能看到晒出来的宝贝照片，这种交流规模特别小。瑞典南部的斯科纳野生动物园中，常年举办让小朋友淘石的活动。花三五十块钱，随机买下一袋泥土，然后放在木槽里冲洗，细流淘沙之后就能看到紫水晶、粉水晶或者其他矿石。孩子们还会得到一张矿石介绍卡，可以对照卡上的图片来判断自己淘到的是什么石头。在一些森林公园里，当地的矿石也会和植物标本一起陈列，让孩子们了解自己身处的环境中有哪些自然资源。

我老家在黄河穿城而过的兰州，曾经以蕴藏黄河奇石而闻名。小学每年春游几乎都有一站是去黄河边参观黄河奇石馆。我记得那些黄河奇石，颜色以昏黄、赭褐色居多，上面浮现暗红或青灰的图案。大大小小几百块石头被一一排列摆放在木桌上，很多石头没有底座，但脚下都会有个手写的名签。那时的我看不懂石头上抽象的色块，只有意外辨认出这一枚像寿桃、那一枚像人的时候，才会大呼小叫让同学来一起看。不过，在这样的启蒙中，我渐渐知道石头和石头也是不一样的，有的能进展览馆，有的只能泡在大缸里陪白菜。夏天晚饭后，我总要去黄河边玩，顺便在水岸捡石头。对我而言，任何花纹或色彩别致的小鹅卵石，都值得带回去泡在杯子里。不记得捡过多少石头，渐渐听大人说起黄河里的石头也值成千上万块钱，还有专门的人收石头呢！于是我就天天盼望河水下降，露出河中心的小岛，我就可以上去捡个值钱的石头——河心岛上的宝贝才多呢，一般人是上不去的。

我记得家里有一块30厘米高的黄河石，淡灰色的石头表面有星星点点的菊花图案，我爸说那是黄河底发现的古生物，不过不是我们自己捡来的。十几岁的时候，我就经常跟我爸去城隍庙古玩市场转，每次看到黄河石，他都会问我："你看这像什么？"当我说出自己的想法时，他却不置可否。赏石是一个个性化的内在审美过程，任何成见和定论都不需要。我认识一位本地奇石收藏家，他最喜欢讲的是每块石头收藏过程的艰辛曲折，却不会对石头的造型妄加点评。对真正的藏家而言，藏石于室的喜悦，就在于每一块石头，在不同的摆放角度，处于屋内不同的光线照射之下，能让观赏者产生不同的共鸣。

每年深冬、初春黄河水位降低时，河滩上总有人背着袋子拿着铁钩子去捡石头。据新闻报道，兰州市有十万家庭都在收藏黄河石。这个数字无法确凿，但黄河奇石馆早已不再是人们心中的文化地标。近年来，黄河中上游许多城市都在开发当地的黄河石产业，弘扬赏石文化，不过黄河石的内涵之美被利益的大手揉搓抚弄，人们发现和欣赏天然石的感受也不再那么纯粹了。在利益的驱动之下，河道里的鹅卵石再多，也有捡完的那一天。

十几年前，我曾在北京采访一位和田玉的藏家，他对和田玉开采带来的环境破坏非常惋惜，但也频繁传递出"和田玉越采越少，越来越贵，未来升值空间很大"的信息。我自己并不藏石，但也真心希望，每一位真心爱石的人，都得偿所愿获其所爱，同时也心怀敬意，珍其所有。

一点真相

————

赵薇

赵薇

新华社记者。

　　我在东北小城长大，小学操场内圈是未整饬过的沙土地。一到课间操，我就不时被体育老师指点：那个学生，攥什么拳！

　　侧平举的双手松开，大小石子散落一地，全是自由活动时寻来的战利品：有的浑圆，有的带花纹，有的夹杂着晶体——在一个孩子眼里，那一点晶莹，几乎可以成为宝贝的代名词。

　　七八岁的小孩儿，脑子里常有些奇奇怪怪的念头，比如脚下的每一块土地肯定都有人生过、死过、葬过；比如灵魂跟身体或者不是配套存在的，所以我可能只是碰巧是我；比如石头，哪怕是最普通的一块，也应该见过这世上许多人许多事，经历过各种地覆天翻的变化，甚至，说不定秦汉时它就在了——当时刚看过《古今大战秦俑情》，对时光穿梭十分感慨、念念不忘。

　　这些天马行空的想法，彼时是羞于向外人道的，毕竟过于古怪离奇了。偶尔跟相熟的小伙伴提起，她听了惊声尖叫，很长一段时间都对回家的路充满阴影，不敢踩踏。我自责又心虚，只能继续默默捡拾那些自己看来与众不同的石子儿，胡乱揣测一通前世今生，再藏进铁皮盒子里。

内蒙古戈壁石

后来，有人送了一颗白色石头给我，半透明的，说叫"石英石"，比盒子里所有石头都好看，我如获至宝、喜不自胜。再后来，家人去南京出差，带回来一包雨花石，莹润透亮、美貌无边，铁皮盒子自此彻底被我抛在脑后，路边的石子，也再不能入我的眼了。

二十年后，提起石头，我自动联想起的，是星球、轨道、陨石。那时我正忙于航天报道，对时空多了一点儿认知。写稿子到力竭时，常想起小时候那些没能说出口的念头，并且觉得，那个脑子里满是古怪想法的年纪，或者是我一生中最接近宇宙真相的时刻。

说起来也没有什么玄虚，不过是一个孩子对这个奇幻世界最简单直接的认识。如果说有一点儿灵气或是秘密在，可能只是因为一个天真的人所处的"无我"境界。她自觉地，或者说，下意识地将自己放到跟石子儿一样小，而后置于最广阔浩瀚的场景中，由此敏锐地见识到时空的无垠、个体的渺小。

当然也是孤独的。一个小人儿孤单地思索天地生死，揣着许多秘密无人分享，偶尔在夜里因为对过于浩大、超乎想象的世界无所适从而默默啜泣。有点荒谬可笑，但也确实奇妙有趣。

可惜到底还是松开了手。许多日子里，我像所有孩子一样，以一种正常的姿态长大，放弃了隐秘的推测想象，将"美"作为唯一的选择标准，自觉接近成年人的法则。于是很长一段时间，于我而言，世间平淡无奇，路只是路，石也只是石。

幸运的是，成年后我做了记者，数年投身于航天报道，也因此读了大量科幻小说，常在不同时空神游。儿时孤独而热切的感受、强烈的求知欲，以及身处浩瀚天地间的无我体验，终于在一次又一次的采访、写作和阅读中，失而复得。

不久前被邀约写石头，想起从前种种，不免因无知而羞愧：我对这一儿时爱物的认知，还停留在七八岁上。于是用心补课，为这块玉髓与绿碧玉共生的戈壁石翻阅许多资料。令人惊讶的真相是：当年关于"秦汉"的猜测，再竭尽全力也还是局限于孩子气，这块看起来清新莹润的石头，居然形成于约一亿年前——从秦朝倒推的话，得用上几何倍数。

世界总在想象之外。好在，总还有一点儿孩子般的热切和天真，让我对天地万物依旧好奇，驱使我不断探寻宇宙真相。也许，这是对儿时未尽心愿的一点儿补偿，对曾经被放弃的想象力和热情的补救：那些遗落在操场上的石子儿，最终还是被一一捡回了。

玉之美者——

陈发赐

陈发赐

《温州日报》文体副刊部主任，中国收藏家协会会员。

很喜欢佩戴清代的和田玉籽料原石，工作生活有点小空闲，就拿下来在手上把玩，感受它的质感和温润，看它洒金皮上的金色斑斓，总会想到美好的人和事物。

中国有八千年的用玉史，从兴隆洼文化开始，玉器就进入中国人的生活，成为沟通天地的载体。从巫玉到礼玉再到俗玉，玉，一直是中国人身边最重要的物件。

美石为玉，古代中国人把美丽的石头作为玉。在远古，"玉"的文字，是"王"，并没有后来的王字上面的一点。到了后来，真正的王占用了"王"字，玉只好在王字上加了一点，却证明了玉的重要性：那是王身上的一点儿东西。

商代开始，中国人发现了美石中最美的石头，那就是和田玉，于是和田玉在玉器中的比重逐渐增加，再到后

内
蒙
古
戈
壁
石

来，和田玉成了国玉，我们讲玉，往往就是指和田玉。

　　玉之美，美在何处？孔子认为玉有十一种美德，此后还有九德说、七德说，许慎归纳为玉有五德。总之，玉的美德多多，君子比德于玉，因此，君子无故，玉不去身。

　　这件和田籽料，洒金皮，质地细密，油性如脂，包浆浓厚。和田玉中顶级的料子，我们称为羊脂玉。这件籽料，其质地和白度、脂粉度，都可列入羊脂玉的范围了，但我不认为它是羊脂玉，在我看来，羊脂玉是我还没找到的那件最美的玉，那样可以给自己留一些念想——还有一件在等我呢。

　　这件籽料不大，重27克。手上把玩，浮想翩翩，几千万年前，有一块儿小石头，在和田的山上，慢慢从一块儿大石头上分裂而出，随着积雪融化，从高山上滚落，在和田的玉河中，又经过千万年河水的冲刷，棱角渐渐磨平，带上了毛孔，局部表面又沁上了淡淡的金色。清代的采玉者，在玉河中赤足踏河摸石，把它捞起。又经过万里车马运输，到了北京或是苏州。玉匠拿到手里，琢磨着给它雕一个什么物件，最后却只是给它打了孔，便于穿绳佩戴。或许是玉匠实在不忍心把那么完美的东西再做雕饰，于是干脆保留下了它的整体，天然去雕饰。玉不琢不成器，老玉很少有不雕琢的，这件籽料，能够完整保留下来，比较少见。

籽料是在北京古玩城买的。在北京买玉，总会想起几位朋友，想起很多美好。

2006年，我迷上了老玉，于是混迹在雅昌的玉器版，和众多老玉爱好者交流老玉的收藏、鉴赏。还在论坛上认识了郭兄，当时他在北京爱家古玩城开了家小店，也是老玉的爱好者。两人经常在网络上聊老玉的点点滴滴，谈得来，说得上，不亦乐乎。2007年我去北京学习，跟郭兄自然是要碰的，于是提早一两天到北京，就住在爱家古玩城的边上，方便到郭兄小店里喝茶聊玉。郭兄带我在爱家古玩城一家一家转过去，给我介绍看到的一些玉器，还带我吃北京的美食。在郭兄的店里，惠让我一件红珊瑚珠子手串。那是我在北京买的第一件古玩，也是买的第一件过万元的古玩，戴在手腕上，爱不释手。夜里醒来，都要摸几下。后来陆续跟郭兄买了一些东西，其中一件战国三才环，是我那几年佩戴把玩、不舍得离身的爱物。

在论坛上又认识了颜兄，他是福建人，开朗好客。开着一辆旧车来接我，带我逛了北京不少店家。颜兄喜欢精致的小玩意儿，不久后也从一个爱好者成了一名古玉从业者，在华威桥北京古玩城开了店。我们一直保持着联系。我的老玉收藏方向转向小、精、美，受到了颜兄的很大影响。玉器中，一些小可爱，工艺精致，料子极佳，沁色美丽，价钱虽然不便宜，但惹人喜爱，这个就成了我的收藏方向，宁要小而精，不要大而粗。一起买玉的朋友都知道我的这个喜好，碰到合适的，都会介绍给我，这让我也买到了不少好玩的小东西。

买这件小东西的时候，正是和温州叶兄一起逛北京古玩城。叶兄是我玩玉多年的搭档，是我的老师和好朋友。在喜欢老玉但还没入门的年代，遇到了叶兄，真是一大幸事。那时，一位朋友介绍了他的老同学叶兄给我认识，说是玩玉的高手。作为常年的夜班编辑，上午和中午基本没什么事情，于是经常跑叶兄那里，聊天喝茶，中午顺便蹭一顿饭，成了那些年的保留节目。外面寄来的玉器，也都是经过叶兄的把关，才会买下来。叶兄精于鉴赏，特别是对玉器，鉴别能力极强，拿到东西，甚至远远地就能做出判断，让我称奇不已。多年之后反过来看，叶兄堪称我玩玉的完美引路人，指点方向，指导细节，让我没有走错路，逐渐入门。

2010年开始，叶兄和我频频出击，利用周末和年休时间，参加全国各地举办的玉器交流会和逛各地的古玩城，北京、重庆、苏州、厦门、上海，重要的交流会我们尽量去，大的古玩城也都要逛个遍，收获了不少东西。

北京是我们经常要去找玉的地方。水往低处流，玉往高端走，那个时代，早已经不是马未都时代，好东西都向大的古玩城、大的行家手里集中。于是我们跑了很多的大古玩城，北京大古玩城多，我们每年都要去一两趟。

有一次，在北京古玩城A座，我们正在逛，叶兄指着橱窗里摆的一件东西说，这是你喜欢的。这件东西果然我一见钟情，上手更是喜爱。听到店家的报价，价格合理，我和叶兄相视一笑，这件东西没跑了。讨价还价后，很快就买下。当晚在宾馆，和叶兄把当天收获都拿出来摆在床上相互欣赏。每次我们出门找玉，有收获，夜里都会在宾馆的床上摆出来，一边喝茶，一边拿着电筒和放大镜，一件一件慢慢欣赏谈论。这是我们的传统，也是一天中最享受的时刻。

给这件籽料穿上绳子，美滋滋地戴上了。这一戴，就是好多年。

在石头身上寄托心灵
——

牟建平

牟建平

书画家、鉴定家、著名艺术市场评论家。曾在《美术报》《中国美术报》《艺术市场》《收藏》《文物天地》《中国文化报》《中国艺术报》《中国文物报》《北京日报》发表收藏、鉴赏、评论文章上千篇。书画作品曾多次参展并获奖。

看到这块长江石《牧牛图》，真感觉到大自然的鬼斧神工，石头的图案色彩宛然天成，既具体又抽象，画面感很强，让人不由想起近代中国画大师李可染的水墨画《牧牛图》来。其实，我本人喜欢书画，特别是热衷传统的文人画，同时也有"爱石"情结，喜欢各类观赏石，碰见好看的石头，也挪不动步，总不免多看几眼，创作时有时也画一些石头系列。

说到石头，那可是大有文化。中国的园林离不开石头，中国的绘画离不开石头，中国的文学也离不开石头。

但凡中国的名胜古迹园林，很少没有用奇石装点的。在山东曲阜的孔府里，我看见过灵璧石，摆在石座上，煞是好看。在北京北海公园的快雪堂外，曾看见一块儿巨大的乾隆御题"云起"石，上面还有咏石的诗，可见乾隆皇帝也是一位爱石

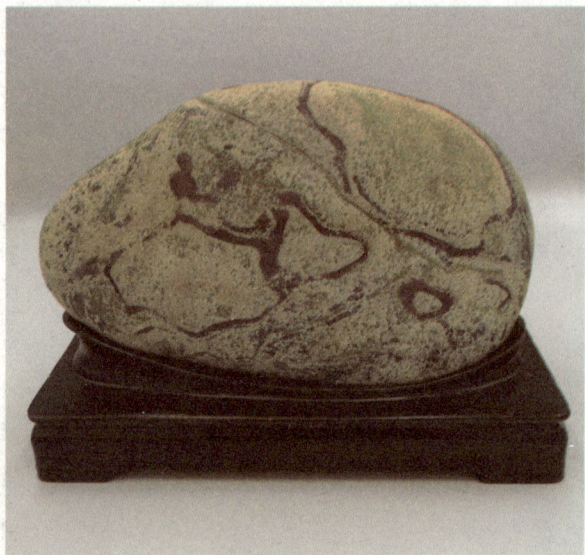

长江石

的发烧友。在颐和园更是看见一块儿状如小山一样的名石"青芝岫"，史料记载是明朝官员、书法家米万钟在北京的房山发现了这块色青而润、状若灵芝的巨石，在运往米氏勺园的途中，由于财力不支，不得不弃于郊野，后被乾隆皇帝耗巨资移置于此，取名"青芝岫"，是中国最大的园林赏石。

在绘画上，石头也是古今画家的最爱，许多画家都酷爱画石头。最早石头成为一种专门的题材，还是北宋大文豪苏东坡的功劳，他开启了中国文人画家画竹石的先河。他画的《潇湘竹石图》，被视为流传于世的两幅苏轼绘画之一，被邓拓收藏，后捐于中国美术馆。明末清初的八大山人也以画"鸟石图"闻名。清代的郑板桥喜欢画"竹石图"，他画的石头都不是观赏石，而是山谷峭壁之石，天然去雕饰。清代"扬州八怪"的金农，也曾专门画过宿州的灵璧石。近代的齐白石，也画过《巨石鸟鱼四屏》，色彩斑斓，具有现代意味。

我虽然不收藏石头，但却喜欢奇石，不管到哪里游玩，碰见好看的石头，总要拍照下来，这些年陆续拍了有上百张。如故宫御花园的《米芾拜石》《海参石》，中山公园的《青莲朵》《青云片》，北海团城的金代"折粮石"，醇亲王府的灵璧石，北京植物园的灵璧石，杭州西泠印社的太湖石，河北蓟县独乐寺的巨型观赏石等。这些奇石，有的形状奇特，有的体量巨大，有的人工雕凿，有的历史丰富，都是千百年来中国石文化的代表。笔者为这些奇石拍照，并不仅仅是为了猎奇，而是为自己画石头提供一些参考资料，获得一点儿创作灵感而已。

在中国绘画史上，专门以画石头出名的画家有不少。宋徽宗赵佶是一位爱画奇石的画家，他画的太湖石《祥龙石图》非常精细，属于写真风格。元代赵孟頫的《秀石疏竹图》和倪瓒的《梧竹秀石图》，也都是画石头的佳作。明晚期的徐渭用泼墨大写意法画石头，他画的《竹石图》水墨淋漓。清晚期的周少白更是以画石闻名，张之万赞其为"清代画石第一"。据说，周少白每遇到一块姿态奇特的石头，就像被磁石吸住的铁块一样，不把它仔细端详一番，或写生一幅，绝不忍轻易离去。

笔者对上述这些画家画的石头虽都喜欢，但最心醉的还是三位画家——败家皇帝宋徽宗赵佶、疯子画家徐渭、遗民画家八大山人。这三位各代表了三种截然不同的画法。

人们都知道宋徽宗以画花鸟闻名，但其实他也擅画奇石。历史上宋徽宗大建园林"寿山艮岳"，选石筑山，掇山叠石，劳民伤财大兴"花石纲"，最终被金人攻破汴京掠走，成了败家皇帝。但必须承认赵佶是个有艺术才华的皇帝，他尽管玩物丧志丢了江山，但独创的"瘦金体"书法和绘画，都是出类拔萃的。特别是他不仅广藏奇石，还画了不少石头，在画奇石方面算是个行家。他画的《祥龙石图》，极为写真，将太湖石的麻麻坑坑等许多细节都刻画下来，开创了奇石写真画法的先河，后世不少画家都受到他的影响。

明代三大才子之一的徐渭，被誉为"中国的梵·高"，是中国大写意绘画的鼻祖，他以独特的墨法画石头也是一绝。徐渭一生坎坷多舛，受胡宗宪案的牵连下狱后，三次自杀未死，人几近疯狂。以墨写神，以草书笔法入画，是徐渭写意画的突出特点。他的大写意绘画，将泼墨、破墨、焦墨等多种墨法并用，开启了中国写意画的高峰，将粗笔写意推至空前的高度。徐渭画石头，完全用泼墨表现，很少用笔勾勒，给人一种"墨气淋漓幛尤湿"的感觉。他画的《蕉石图》，让你感觉墨在往画外流淌。

八大山人是明代宗室，明太祖朱元璋第十七子朱权的九世孙，遗民画家。他的身世，影响到了他的绘画。八大山人晚年画的《快雪时晴图》《蕉石图》《鹤石图》《菊石图》，线条遒劲，老辣生涩，力能扛鼎，实在令人叹服。八大山人画石，擅用线条表现，看似用笔简单，寥寥几笔，但没有几十年的功力，根本不可能画出这样的线条。而且他画的石头，是写出来的，书写性很强，八大山人作画落款常写"八大山人写"，这有赖于八大山人超强的书法水平，"以书入画"，是八大山人画石头的一大特点。

笔者画工笔写真石头学宋徽宗，泼墨法石头师从徐渭，用线条表现则取法八大山人。三位画家都给了我不同的营养，从他们那里我学到了技法与古意，并加以改变，最终形成自己画的石头。宋代大诗人陆游曾有《闲居自述》诗，"花能解语应多事，石不能言最可人"，成为历代咏石的经典诗句。石不能言，却能寄物传情。我画的虽是不能说话的石头，但更多的时候是表达画者的情感，抒发自己心中的感慨，有时也像画自己，在石头身上寄托心灵。中国画家在很多时候，并不是客观表达对象，而是主观倾诉自己，石头不过一种载体罢了。

"亡宋谁知是石头，如今藏入百姓家。遍寻艮岳入图画，千古兴亡一览中。"奇石在当今已经不再是帝王权贵们的专利玩物，而成为大众赏玩拥有的收藏品。奇石已经融入我们的生活，给我们带来美的享受，是中国文化中不可缺少的国粹。

石趣

杜京

杜京

新闻文艺学硕士研究生，中国报纸副刊研究会副秘书长、高级记者、中国作家协会会员、中国摄影家协会会员、中国散文学会会员。出版《我与老师》《跨越国界的芬芳》《地球上的银飘带》《东方多瑙河》《我，文化波兰》《琥珀色的格但斯克》《四季波兰》等书籍。多次荣获中国新闻奖、中国报纸副刊作品一等奖及国内外新闻大奖，"第八届冰心散文奖"获奖者。所拍摄的图片曾荣获中国摄影新闻奖，被中国国家博物馆、中央档案馆永久收藏。

走，突然路边有一块不太大的石头吸引了我的目光。这块石头上半部分三分之一处有一块像刻意画上去的浅橙色椭圆形，中间是乳白色，下面是淡淡的黄色花纹，仿佛是一幅美丽的风景画，优美静雅。任凭我想象，也许这块石头后面有许多鲜为人知的故事，我如获至宝，将它收藏。如今每当我看到这块石头，就忍不住回忆起南美之行的美好时光。

金秋时节，我来到蒙古国首都乌兰巴托，我们乘汽车去另一座城市。出发之前就听同行说这里盛产戈壁玛瑙，我一直惦记着，心想要是有缘珍藏一块这里的石头该多好。此次蒙古之行可谓心诚石头也能开出花来。连续几天的颠簸，只是见到了在我眼中认为很一般的戈壁石，这不足以让我动心。眼看我们的出访即将结束，可我还未遇上心仪的美石，就这样离开真是有些依依不舍。就在我们即将离开蒙古的最后一天，奇迹发生了。我们乘车赶往乌兰巴托的途中，经过一个热闹的小集市，我心里琢磨：在戈壁没有找到心爱的石头，没准会在这里遇上它。我快步行走在集市，用猎人般的眼睛迅速将集市"横扫"一圈，突然看到一位蒙古大爷蹲在小摊前，他面前大大小小的

石头摆了一地，我一眼就看到了那枚似乎与北京的玫瑰香葡萄长得一模一样的玛瑙奇石，紫红色的"葡萄"一颗颗晶莹剔透丰满圆润，让人垂涎欲滴。我爱不释手，立刻买下带回北京，此次蒙古行算是"满载而归"。

在我收藏的各种奇石中，有一块石头虽然"个头"不算大，但很有特点，这块石头形状好似一艘帆船，乘风破浪启程远航。石头主调是珊瑚宝石般的赭红色，上面呈现紫红色一圈圈的石纹线，有规律地缠绕在赭红色的石头上，每层之间距离相等，夹带着银光般细白的颗粒，像月亮般闪烁着洁净的光芒。赭红色的石头视觉感很强，给人热烈厚重之感，两种过渡色彩十分和谐。这块千里迢迢淘回来的石头，来自东非大裂谷的北端、有着中东最肥沃土地之一称号的约旦峡谷。令人难以想象的是这块石头出身于阿拉伯沙漠中，也就是被誉为世界新七大奇迹的佩特拉古城附近。

记得那是一个晴朗的早晨，蓝天白云映衬着赭红色的岩石，在阳光下格外美丽。贝都因帅哥哈拉用自己的毛驴送我上山。山崖下布满密密麻麻的各种洞窟，道路险峻陡峭，一路的颠簸使我时而滑到毛驴屁股上，时而钻在毛驴脖子上。牵着毛驴的哈拉顶着太阳，迎着山风，向我讲述着贝都因人日出赶着羊群消失在群山峻岭、日落伴着夕阳踏着铃声而归的故事。哈拉对我说："山上山下满地石头，你可以随便捡。"我当然不贪多，只想捡我最喜欢的那一块，我随着哈拉的脚步走来走去捡起了石头。当我捡到这块我命名为"远航"的佩特拉石头时感到惊奇万分。这块石头属于砂岩石，表面粗糙，但颜色漂亮，造型优美，非常独特。此后，在波兰最北部的海滨城市格但斯克——波罗的海之滨，在澳大利亚新南威尔士州东南部、澳大利亚阿尔卑斯山雪山山脉中的最高峰——柯斯丘什科山，我都遇到了心仪的石头，领略到大地神奇的创造力。

我收藏石头的标准，通常是看着顺眼，赏着顺心，悟着顺意。一次我到内蒙古出差，遇到了一块被当地人称作"铜钱石"的石头，可谓一见钟情，顺眼、顺心、顺意。石质细腻，呈浅黄色，石间有黄白色花纹，金黄色的圆圈如一个个铜钱，图案雅观，颜色对比柔和，堪称石中精品。

在我的奇石收藏中有一块取名为"老虎望月"的石头，虽然表面粗糙，但造型奇佳，为粉白色。奇石上自然地有一只颜色略深红的老虎仰望着月亮，色彩饱满，空中悬挂着一轮明月，一只昂首长啸雄姿勃发的老虎，姿态灵动，充满昂扬向上的活力。

在我看来，奇石是指因天然形成的不一般形状，或因色彩奇特而美丽的石头，其材质、造型、色彩及花纹不同寻常，能够迷住人们猎奇的目光，符合审美的习性，可供观赏把玩，并具有观赏价值及自然之美，从广义上来说所有石头都可以看作奇石。

当然奇石的最大特点就是具有"唯一性"。在这个世界上，任何一块石头都具有其本身的特点，因此我才会小心翼翼地将其收藏。我收藏的石头中，既有天然的风景石，如剑峰石、石林石；也有庭园景石，如太湖石、大化石、灵璧石，还有盆景石、工艺石，这些石头精美别致，具有高雅的艺术品位。太湖石通常为灰白色或黑灰色，但我收藏的这块为赭红色，尤其少见，姿态优雅，形状漂亮，因在水中经过多年侵蚀而形成的窟窿眼，玲珑剔透，灵动飘逸，我为它取名为"鸿运路路通"。

灵璧石出自绛州灵璧县，其石色如漆，间有细白纹如玉，叩之，声清越如金玉。灵璧自古出奇石，在唐代就作为贡品进奉朝廷。宋代杜绾在《云林石谱》中记载着100多种石品，灵璧石位居首区，"灵璧异石天下起，声如青铜色如玉。秀润四时岚岗翠，宝落世间问巍巍"，这是宋代诗人方岩对灵璧石的赞誉。我为珍藏的灵璧石命名"无限风光"，其造型厚重，经亿万年雨露滋润，岁月洗礼，石质坚硬素雅，色泽美观，从上至下中间镶嵌着一道自然润如羊脂的白色线条，诸美毕臻。

位于广西中部的柳州，又称龙城。2003年中国报纸副刊研究会组织百名记者赴柳州采风，我专程前往柳州奇石博物馆参观，又冒着飘泼大雨到奇石城逛了几个小时，临上飞机前还不肯离去，久久徘徊。慕名来到因石而建、以石造景的柳州市奇石馆，为之一震，数千件奇石佳品，石头种类达60多种，件件珍奇，精美绝伦，令人目不暇接，大饱眼福。

柳州奇石馆常年展出的奇石珍品多达千余件，品种繁多琳琅满目。大化彩玉石质如美玉、色彩斑斓；摩尔石造型简洁、美感独特；来宾石线条飘逸、委婉动人；彩陶石肌肤如釉、雍容华贵；三江石浑圆莹润、典雅古朴……细细观赏这些奇石珍品，令人回味无穷。我在奇石城市场淘到了一块呈金黄色的山体造型优美的石头，颜色明快绚丽，被我贴切地取名为"金山"，色彩过渡自然，好像一幅山水画。透明部分像天上的彩云，好一幅山中景，石中画。

望着眼前我取名为"秋韵"的这块石头，颇有感慨。在很长一段时间里，我一直认为秋是萧瑟的、凄美的，但是当我捧着这块充满暖意的石头才明白"秋"的热烈与感动。金灿灿、暖洋洋，黄中透红的简单纯美，在这里得到淋漓宣泄。层层树影、潺潺流水，浮现眼前，这幅以秋景为主题的"国画"，此时仿佛多了些诗意与美妙。

在我的眼中，一块石头就代表着一方独立自足的世界，仿佛寄托着赏石人的凤愿理想及审美情趣。观赏石头进入人们的生活空间，是中国文化传承及生活艺术化的一面镜子；收藏赏石的过程，也是艺术生活化的一个侧面反映、审美情趣的增添与提升。人与石近观默察的互动，既使石头成为无名的代言，也使人因为赏石，而精神充实，灵魂升华，心灵安静。中华传统文化源远流长，自古以来文人墨客的审美情趣中就少不了赏石，如今赏石理论从传统的"瘦""皱""漏""透"逐步演变为现代的"形""质""色""纹"，赏石理论逐渐升华。在中国人眼里石头就是灵魂智慧的伴侣，爱石、赏石、藏石蕴含着中华文化崇尚自然的哲学审美观。古代有"生公说法，顽石点头"，石头自古就是灵性智慧的象征，而"米颠拜石"的故事，也抒发了人类尊重拜石、以石为诗的独特情怀。

"奇石贵天然虚实肥瘦皆无价，精品有人为形色质纹自有情"。石头本无心，偶生天地间，孕于大自然，人心有灵犀。我深感收藏奇石，品悟文化蕴藏内涵，给人带来审美享受和灵感超越。欣赏奇石也蕴含着人们对美好生活的追求向往，从中既增长知识又趣味无穷。赏石悟道，得大自在。

填充内容还是寻找答案——

晁珊珊

第一次见到这块戈壁石，让我想起了西班牙著名的阿尔塔米拉洞壁画上的那只公牛。

阿尔塔米拉洞位于距离西班牙北部桑坦德市30公里的桑蒂利亚纳戴代尔马尔小镇。走入这个洞穴，是一种奇妙的体验：通道又低又窄，一直深入到幽暗的山腹里，打开手电筒，一只用黑色线条和鲜红色块在岩石上勾画出的公牛突然被照亮。阿尔塔米拉洞里，坚硬的岩石和以公牛形状呈现出的生命力，同样出现在这块形似公牛的戈壁石上，这两只牛就这样在我的记忆中产生了某种联系。

阿尔塔米拉洞穴里的这只公牛，一直以来被艺术史学家称之为人类艺术的开端。这也是为什么公牛主题一直是当代艺术家反复创作和收藏家最喜闻乐见的题材之一。阿尔塔米拉洞穴

晁珊珊

毕业于河北大学新闻专业，曾任中央电视台《当代工人》编导，华商杂志总社《钱经》杂志编辑，求是小康杂志社主笔。现就读于德国北莱茵-威斯特法伦州鲁尔大学艺术史专业和媒体研究专业。

内蒙古戈壁石

壁画被发现后，从1880年首次公布直到1902年最终证实，其真实性经过20多年才被确认。难怪人们不相信，1.2万年以前，旧石器时代的史前人类有能力创作出这样"先锋"的壁画。的确，它的构图很像立体主义初期西班牙艺术家毕加索的风格，色彩的过渡又很像德国表现主义艺术家弗兰茨·马尔克。艺术史在经历了漫长的自然主义，发展到几乎无法突破时，终于寻找到"抽象"这条出路，却想不到史前人类早在1.2万年前，就为自然主义之后的艺术找到了答案。而当我品味这块戈壁石时，它高度抽象的形状，过渡自然的色彩，以及从不同观赏角度产生的变化，也的确如阿尔塔米拉洞穴里的史前公牛，给出了同样的答案。它先于远古人类，由大自然这位艺术家首先创作，通过人类的鉴赏，最终完成这件作品。我问自己，远古洞穴壁画的抽象，先锋派的抽象，和这块抽象的戈壁石，这一切究竟是巧合，还是艺术的规律？

韩国著名的当代艺术家白南准说过，他其实是在做一个盒子。盒子是空的，不同的人会填满不同的内容。艺术家每一次关于作品的解释，都堵死了观赏者填充盒子的一种可能性。如果大自然是戈壁石的最初创作者，那么他就是离自己作品最远的艺术家。而奇石的鉴赏者从亿万年的戈壁里把它们挑选出来，最终和大自然一起完成这项艺术创作：他们共同完成了这个"盒子"。马赛尔·杜尚并不懂中国艺术，更不懂鉴赏奇石，他或许很早就明白这番对于艺术是"盒子"的解答。杜尚不但远离任何艺术团体，甚至和自己的作品也保持一定距离。最决绝的是，杜尚生前曾委托自己的侄子，在他去世后的第二年，将一件他在工作室里悄悄创作20年才完成的作品《Étantdonnés》在美国的费城美术馆公布。杜尚主动断绝了他和自己作品的一切关联。与其说杜尚留给了世人一个谜团，不如说他留下了人们对作品理解的无限可能性。我想，当我们站在这块戈壁石面前时，和我们走进阿尔塔米拉洞穴，看到远古人勾画出的公牛时，或者当我们走进费城美术馆，来到杜尚的那扇陈旧的小木门前，通过门上的小洞观看他的这个装置作品时，会产生某种相似的心情。我们需要填充"盒子"里的内容，或者更确切地说，其实是通过这个"盒子"，发现我们自己想要得到的答案。

画石 ——

刘泽先

刘泽先

首都师范大学中文系毕业。曾任北京商报社中国书画周刊主编，中国书画名人堂主编，典藏周刊执行主编，财经部主任，理财周刊主编等职。14岁拜师学习书画，至今不辍。曾发表过《收藏国外大师作品离我们还有多远？》《红色题材缘何成为绩优股？》等多篇富有影响力的文章。

中国人爱石由来已久。在中国的绘画中，石头占有重要的位置，它既可以作为独立的绘画题材，也可以与花卉、梅兰竹菊松等相搭配，与西洋画的静物不同，石头寄寓了中国文人墨客太多的情怀。

在中国的传统绘画题材中，有许多关于石头的传说。其中女娲补天、米颠拜石等更是家喻户晓。

女娲是中国上古神话中的神，是人类之母，也被称为娲皇。传说她抟土造出了人类，后因天塌地陷，于是炼五色石以补苍天。女娲补天的传说实际上反映了我国古人想要改造大自然的雄伟气魄和大无畏的斗争精神。

宋代的米芾，书画俱佳，但因举止癫狂，人称其"米颠"。米芾的书法，在宋四家苏黄米蔡中应位列首位，历来为学书者所喜爱，影响巨大。米芾在绘画中创造出表现大雨云烟的"米点"，丰富了绘画的技法。在爱石的痴迷度上，米芾可谓是首屈一指。

关于米芾爱石的传说很多，他见奇石辄跪拜称"石丈""石兄"，给石头穿宫袍，还自绘拜石图。

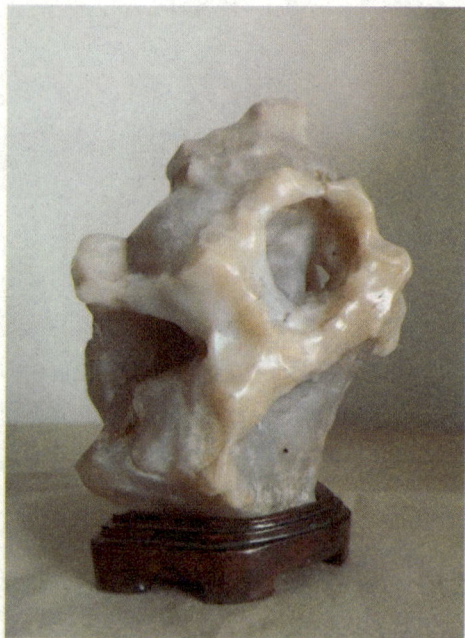

内蒙古戈壁石

米芾爱砚也是有名的，传说他得一砚山，抱眠三日。宋徽宗赏识米芾的字，而米芾欣赏的是御砚。他为宋徽宗写完字就请求他赏赐自己写字时用的这方砚，并说："这砚台已被臣濡染，陛下不宜再用，就赏赐给臣吧！"为得一砚，竟找出这种冠冕堂皇的借口，真让人忍俊不禁。

米芾爱石，还为后人留下了写石的艺术珍宝《研山图》和《研山铭》。2002年12月7日，《研山铭》以2999万元人民币的价格被国家文物局拍下，现藏于故宫博物院。

米芾爱石是发自内心的爱，是痴迷的爱。人们觉得奇怪的举止，正是米芾性格率真、不随时俗、坚持自我、勇于创新的表现，也是他在艺术上能超凡出俗、自成一家的原因。米芾的艺术作品给后来的绘画者、赏石者以启迪。

中国古代文人画家在以石头为题材的创作中，不同于西洋画的静物写生。他们在小小的石头中寄寓了个人的情感，或托物言志，使石头成为有个性、有生命的载体。

我国古人在画石中，还表现出中国式的哲学思想和审美情趣。中国画讲究"外师造化，中得心源"。他们的绘画素材来自大自然，但又不是对自然的机械描绘，而是对写生对象进行高度概括，以貌取神。他们取形于大自然，而又总结创造出表现石头的程式化技法。从大的方面说，画石有勾勒法和没骨法。没骨法是直接用色彩作画；勾勒法是以笔墨画出石之形体，然后加以皴擦点染。由于石质的不同，南北方的差异，画家们发明创造出几十种皴法。有些皴法相同或相似，只是命名不同。如牛毛皴、解索皴、荷叶皴、钉头皴、豆瓣皴、雨点皴、斧劈皴、刮铁皴、鬼脸皴、骷髅皴……这些皴法均以事物形象命名，表现出石质的软硬程度和不同形象。

在石头形象的表现上，中国文人画家也表现出特有的审美情趣。他们画石，多呈现出奇特、蜷曲、嶙峋之美。中国的道家思想认为：美与丑是对立统一的。作为绘画来说，光滑、直白的石头缺乏美感，奇丑之石则更便于表现质感，反而有含蓄之美。有时画家画石超脱物象，完全是在写心志。如清代著名画家石涛有幅《菊石图》，题诗曰："兴来写菊似涂鸦，误作枯藤缠数花。笔落一时收不住，石棱留得一拳斜。"这里画家完全不在意所描画的对象是否形似，而是兴之所至，任意挥洒，一吐胸中块垒，完全表现出自己的心志和情感，表面上是自嘲画功太差，实际上已达忘我之境，毕平生之功力，达到无法之法的更高绘画境界，体现出画家落寞的心情和桀骜不逊的性格。

又如清代画家蒲华，诗书画印俱佳，与著名书画篆刻家吴昌硕为把兄弟，备受吴昌硕的推崇，但他一生穷困潦倒，尝尽人间辛酸。他在一幅《画石图》中题道："不知何处名山里，有此嵌崎磊落姿。古拙莫如今尚巧，茫茫世事阅从兹。"

一块奇石，竟然让画家品出人间的沧桑。

与石相伴二十年——

马益群

自1998年起，我便开始收藏奇石，并一直把内蒙古大漠石作为主要收藏目标。大漠石以造型见长，如同雕塑。收藏到一定程度，便想尝试新的奇石种类。于是，自2011年开始收藏以水石为主的画面石，这类奇石类似书画。

鉴于收藏大漠石的经验，我在挑选画面石时，首先确定了几条标准：不求数量，不贪便宜，不随潮流。

画面石以阴柔的水石为主，正好与阳刚的大漠石形成截然不同的面貌。水石的品种繁多，常见的有大湾石、大化石、三江石、黄河石、长江石和雨花石。不管哪种水石，只要画面形象逼真，富有韵味，都是佳品。

这些年，我有幸得到数十余枚不同产地的古代人物画面石。无论是面壁打坐的达摩、寒江独钓的高士、拱手行礼的先生，还是举头望月的诗人、秉烛夜读的书生、鼓琴和鸣的老者，个个举止稳重、仪态端庄，在朴实的外表下深藏着高贵风

马益群

曾任《北京日报》生活版、时尚版、艺术版、收藏版、阅读版主编，2003年编写出版《大漠奇石》一书。现为中国民间文艺家协会奇石专业委员会副会长兼秘书长，《中国副刊》品藏栏目主编。

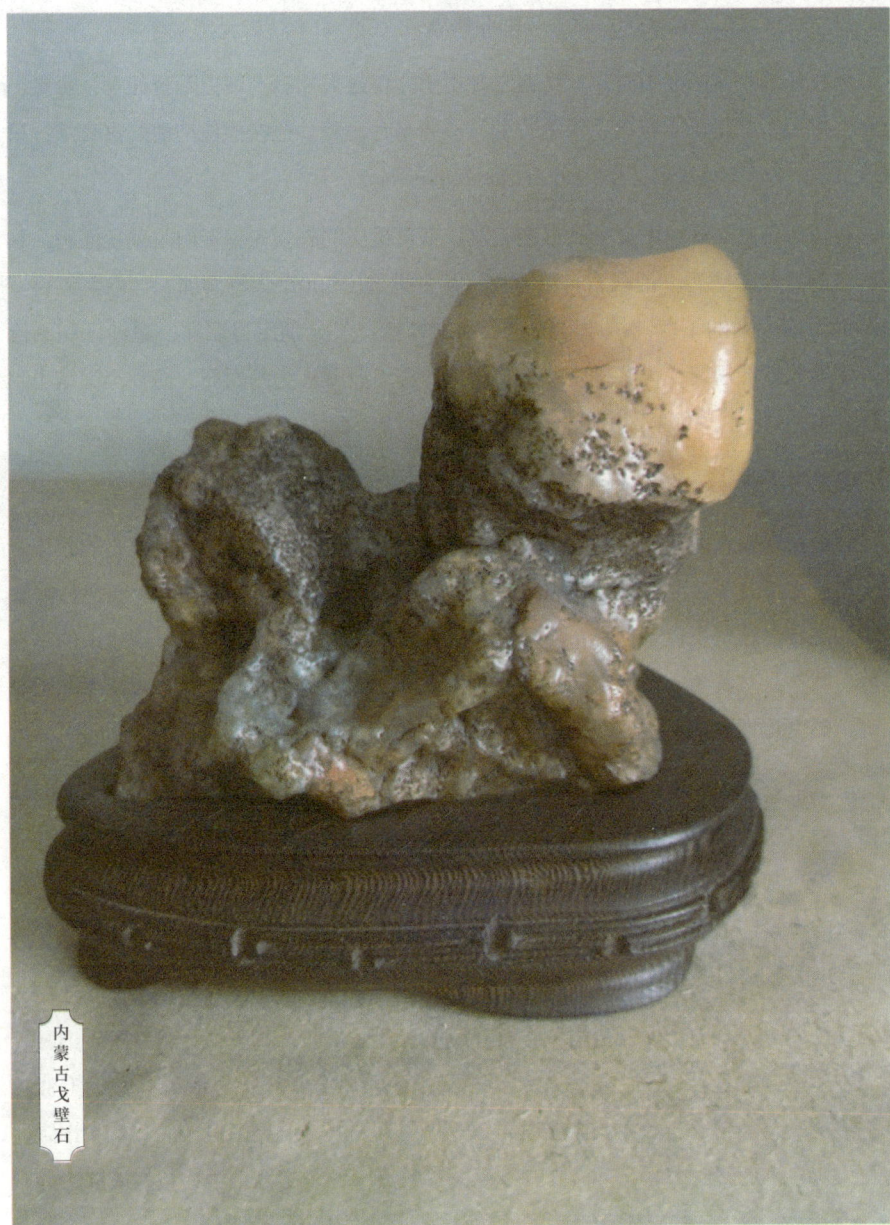

内蒙古戈壁石

度。得到这样一组《高士图》奇石，绝非偶然。

当我开始收藏画面石时，"奇遇"并不少，仅是人物石，就见到过仕女、寿星、孩童，但更多的是山水花鸟、梅兰竹菊、楼阁亭台，我往往按捺住冲动的占有欲，只是欣赏，并没有轻易购买。这与我身边石友的影响分不开。

我在与石友交往当中，受到很多启发。来自重庆的陈强先生专门收藏长江石，具有丰富的经验和阅历。他藏石有数万枚，从中挑选出500个人物画面石，取名五百罗汉。而云南大理的王萍，她收藏的《云南三姊妹》，分别出自怒江、金沙江和澜沧江。主题收藏的思路，为我确定了一个目标，重点收藏人物画面石，而且范围缩小到古代人物系列。

收是为了藏，藏又是为了什么呢？这又是经常困扰我的问题。

我最初选择大漠石时，便确定了一个方向——怀古。按照这些年大漠石的潮流走向，这一定位并不合时宜。大漠石近二三十年是以葡萄玛瑙、大滩玛瑙、黄色沙漠漆为市场主导，这些佼佼者都具备了珠光宝气、华丽富贵的特点，迎合了现代人的审美品位。我却喜欢其貌不扬、含蓄低调的大漠石。它们吸引我的，除了岁月留下的斑驳痕迹，更主要的是那股扑面而来的远古气息。

正是带有怀古的情结，我在收藏画面水石时，本能地选择了古代人物。达摩面壁的信、寒江独钓的傲、拱手行礼的仁、秉烛夜读的勤、叩首拜石的痴、鼓琴和鸣的情，无不令我心驰神往。我多么希望将古人的高贵品质融入自己的胸怀中。奇石，作为独特的天然艺术品，虽然不是人类杰作，但同样有灵魂，有思想，有感情。当它的呼唤直指人性时，我所做的回应也就越发自内心。

《先生之风》是一枚山东长岛球石，形成于八亿年前，属于石英岩，坚硬细腻。画面中蓝色与红色反差强烈，人物拱手行礼的庄重神态，已完全超脱外在的形似。"不学礼，无以立。"在礼仪被漠视的当今社会，先生之风更值得人们敬重和推崇。《寒江独钓》是广西大湾石，清晰的线条寥寥数笔，一个在江边垂钓、看破红尘的隐士便跃然石上。画面一笔成景，虽然着墨不多，却留下无限的想象空间。《达摩面壁》是金沙江石，"宁为有闻而死，不为无闻而生"。画面中一个骨瘦如柴的僧人静静地在山洞里打坐，人物庄严，场面神圣。《秉烛夜读》是云南怒江石。怒江石以黑色硅质岩为主，多与白色石英岩共生，质地坚硬，表皮光滑。该石的夜景占据画面的中心位置，而右侧的窗口，映现出巨大的蜡烛与苦读的书生。"诗书勤乃有，不勤腹空虚。"这幅看似熟悉的生活画面，其实已变得陌生而遥远。《米芾拜石》是一枚广西大湾石，"少无适俗韵，性本爱丘山"。画面使用白描手法，简略勾勒出一人一石的亲密关系。奇石高傲，人物谦恭。放浪形骸的米芾叩拜的其实是他自己，一个荣辱皆忘的无事人。《知音》是怒江石，画面里两个古装人物正陶醉在《高山流水》的旋律中。卧起弄琴的胖者，凝神倾听的瘦者，与周围的怪石、秀竹构成一幅悠然清雅的场景。

20年来，我每每遇到奇石界有趣的事，习惯随手记录。偶尔翻阅，发现奇石背后的故事，比奇石本身更值得回味。

"相见亦无事，不来常忆君。"和奇石收藏家李祖佑老师相识多年，隔几周不见，便十分惦念。日前去看望李老师，由石头聊起绘画。李老师说："现在有许多人投资艺术品，一掷百万，其中有多少人读懂了齐白石的画呢？"李祖佑是藏石大家，1990年他在中国人民革命军事博物馆举办了个人藏石展，引起巨大轰动。已故知名导演凌子风，看罢石展，在展厅里挥毫写道："天造也，祖佑先生真艺术家也。"李祖佑谦逊地对凌子风说："我是搞自然科学的，不敢称艺术家。"凌子风说："不，你的奇石艺术满足了我梦寐以求却又说不出口的一种艺术形式。"

李祖佑毕业于清华大学，从事自然科学研究，他的书架上却摆满了文学和艺术类的书籍。他说，几十年来一直在补课，并且坚持天天练书法。他相信"人有多深，石有多深"的道理。李老师常说，一块好石头，就是一件雕塑、一首诗、一幅画。他的理解是，奇石占有的数量多少不重要，关键是读懂了多少。李老师家一次接待过40多位将军，无数的作家、画家慕名而来，安静地听李老师讲"月下李白""似水流年""平湖秋月"的浪漫传说。

在李祖佑收藏的文字石中，有甲骨文"山川秀丽"，也有草书王羲之等字。令人惊诧的是，有一块石头上面赫然写着"十五年成人"一组行草，仿佛大自然不仅造出了各种字体，还能思考人类的成长过程。这块石头是李祖佑从北京西站建设工地上捡来的。李老师语录中最难懂的一句是：拥有奇石，才拥有你自己。这句话我至今没参透。

李老师的"奇石斋"弥漫着书香，犹如他写的诗："今宵明宵，人生路上几春宵。闲将白发窥明镜，又是东风曳柳条。"

收藏，就是保留一份记忆。那一枚枚肃穆庄严的奇石像斑驳的老照片，与它们相关的故事一幕幕浮现。2000年初夏，我第一次到银川。由朋友引荐，在一个下午，登门拜访巴特尔。环视屋内琳琅满目、造型奇异、色彩斑斓的戈壁奇石，大为惊叹。

巴特尔曾经是铁饼运动员，受伤后回到家乡内蒙古阿拉善左旗，而这里，正是戈壁大漠石的诞生之地。他早期收藏的石头都是亲自到戈壁滩捡拾的。他讲了一件事，令我印象深刻。那时大漠石市场还没有火热，戈壁滩上的玛瑙、碧玉随处可见。巴特尔每次捡石都带上母亲，各捡各的。戈壁滩里没有路，边走边捡，同时看到的石头算是谁的呢？于是母亲提议，停车时，石头出现在左侧是巴特尔的，出现在右侧是母亲的。巴特尔没有异议。可每到了晚上清理石头时，母亲的石头总是明显居多。

起初巴特尔不明原因，时间一久，他恍然大悟。原来，每次发现石头时总是母亲指挥方向盘，停车时大部分石头出现在右侧。即使解开谜团，巴特尔仍佯装不觉，偶尔遇到特别喜欢的石头，他也会不听母亲指挥，甚至拐个大弯，把石头名正言顺地得到。讲到此时，巴特尔开怀大笑，像是做了错事的孩子，自豪多于自责。

如今，巴特尔的母亲已离开人世，可她指挥巴特尔在茫茫戈壁滩上驰骋高呼的身姿，却总在静谧的夜晚浮现在眼前，令我唏嘘不已。他们是大漠石最早的发现者。

我对张靖先生，既熟悉又陌生。他因戈壁石《小鸡出壳》而一鸣冲天，又因与世无争"归隐山林"而销声匿迹。好在"高处有高处的风景，低处有低处的人生"。每次见到张老，他总是步伐稳健，谈笑风生。

记得10年前的一个周末，我前往位于北京五棵松的大漠奇石馆，看望年过八旬的张靖先生。张老在大门口相迎，双手抱拳，歉意地说："下午要陪中央电视台记者去呼和浩特拍片，不能接待了，欠一顿饭，回来一定补上。"我担心他的身体，张老便从怀里掏出一个药瓶："没关系，我带着救心丸。"

聊天时得知，张老每年都要去戈壁滩找石头。说来奇怪，沙漠里像样的奇石早已被捡光，张老却总能满载而归。"人找石头，石头也在找人"，此言不虚。

大漠奇石馆里陈列着张老收藏的数百枚戈壁奇石，在一些石头旁，留有张老的赏石感言，如"方寸可知大漠美，痴物方知自然神""手摸不是最好的交流，品味方显不同的智慧""欣赏天工之物，敞开想象大门"。看得出，张老在与石相伴的日子里，他的心灵借助艺术的翅膀自由飞翔。

张靖说，我现在的床前床后都是石头，苦闷的时候，看到石头就开心了。和奇石接触越多，越觉得自己肤浅，不敢轻易评石头。奇石没有贵贱高低，各有千秋，哪块都有个性，哪块都有魅力。

几十年前，张靖在内蒙古的玛瑙湖发现了戈壁石，耗尽全部心血把大漠奇石推向全国，媒体称他为"大漠之子""石疯子"，我尊他为"始者"——中国当代奇石文化的开拓者。

"我发现了神石，你们发现了我；我是神石的伯乐，你们是我的伯乐。我们之间，是发现与发现。"张老风趣地打着比喻。

临别时，张老略带伤感地说，我80多岁了，能做的我已尽力了，但只做了一半，剩下的该由你们来完成。我忽然觉得肩上压了一块石头。

奇石遐想

陈玉胜

同学喜好收藏奇石，对所收奇石颇有研究，令人脑洞大开。望着那千姿百态、造型各异的石头，细细琢磨也确乎如同学所讲，石头里蕴含着大学问，往大里说，是与人类相生相伴的历史见证。新石器时代，不就打磨出一个全新的文明的人类社会吗？从石器到青铜器，再到铁器，这个冷冰冰、硬邦邦看似毫无生气的石头，却记录了人类发展的大部分历史。

前几年我去了一趟以色列，在驱车前往死海耶利哥古城时，导游为我们讲述了一个故事。在距今4000多年前，有个叫亚伯兰的族长，带着侄子罗得从美所不达米亚吾珥出发，越过幼发拉底和底格里斯两条大河，来到今巴勒斯坦地区居留。因两人所养牛羊甚多，常为水草而争夺，亚伯兰就说："我们不可相争，还是分开好，你先挑选地方，你选向东，我就向西，你选平原，我就进山。"侄子罗得不客气，看中约旦河肥沃的平原，向东而去。亚伯兰则留在迦南地。

罗得住在繁华的都市所多玛、俄摩拉。这是两座罪恶之

陈玉胜

中国青年杂志社高级编审，《中国非物质文化遗产大百科全书》编委，中国传统文化文字研究学者，对汉字及艺术起源有深入研究，也是神学专家，特别对中东历史及以色列历史有独特的见解。

内蒙古戈壁石

城，其滔天的邪恶、淫乱令上帝震怒。上帝决定派天使毁灭二城。此事被亚伯兰预先得知，忙向天使恳求，不要祸及他侄子罗得。天使答应了，在灭城前一刻，带领罗得一家潜出所多玛，向山上逃去。天使大声对他们喊："快跑，千万不要回头看。"谁知，罗得的妻子因贪恋家园，回头看了一眼已经陷入火海之中的所多玛城，瞬间化为一根盐柱（岩石），至今尚在，这便是我们旅游的一个著名景点。

那个突兀站立的石头，颇似一个妇人，远远眺望着那已化为灰烬的城市，那天然的造型，也颇似我国的"望夫石"。这块石头给人的寓意是极为深刻的，要靠信心而行，不要靠眼见。眼见到的已经是躲不过的灾难和死亡；而凭信心的则是能预先祛灾避祸，死里逃生。

被救赎出来的罗得，他的后裔摩押女路得，后来成为以色列大卫王的祖母，并进入耶稣基督的家谱，在以色列历史上，地位极其显赫。一块石头记载了如此丰富的信息。

无独有偶，也是在以色列，我们又见到另一块奇石，讲的是亚伯拉罕（就是亚伯兰）的孙子雅各的故事。雅各与他的哥哥以扫是双胞胎，在出生时，哥哥以扫先出母腹，但是他的一只脚被后面的弟弟用小手紧紧抓住，似乎在表明，弟弟不甘落后，想先哥哥出生，好成为家族的长子。所以，父母对这个小儿子十分惊讶，为他取名"雅各"，就是"抓"的意思。

举凡刚出生的婴孩，双手都是紧紧抓住的，好像在大声宣示：我已经来到这个世界了，我要把一切能抓住的东西统统抓到手。在孩子周岁时，大人还要让小孩抓周，在一个盘子上，林林总总摆上诸如印章、书籍、笔砚、算盘、首饰、胭脂、吃食、尺子、铲子等，大人不予诱导，任其挑选，视其先抓何物，以此来测卜其志趣、前途、爱好和将来要从事的职业。

如果小孩先抓了印章，则谓长大以后，必承天恩祖德，官运亨通；如果先抓了文具，则谓长大以后，必然好学，会写锦绣文章，终能三元及第；如先抓算盘，则说明这孩子将来会理财，必成陶朱事业；等等。

与之相反，忙忙碌碌，抓劳一生，人在死时，却两手空空，什么也带不走。据说当年，马踏亚非欧建立丰功伟绩的一代天骄亚历山大大帝，临死之前，吩咐仆人，把他的棺材两边凿出两个洞，把他的两只手从洞中伸出，虽然送葬的路上铺满了宝石黄金，但他这个生前叱咤风云、财宝无数的君王，死后仍是两手空空，以此告诫世人，一切都是虚空。

好了，话说回来，雅各很乖巧，得母亲的偏爱；以扫很能干，是个英勇的猎手，深得父亲的喜爱。雅各常在家，以扫常在外。有一次雅各在家煮红豆汤，哥哥以扫打猎从炎热的外面回到家，他口干舌燥，要弟弟雅各赶紧给他一碗红豆汤解渴。雅各则趁机敲诈以扫，说："你把长子名分让给我，我就给你汤喝。"渴晕了的以扫说："我都快渴死了，长子的名分有什么用，你想要，就给你吧。"这样，雅各用一碗红豆汤，骗取了长子名分。

后来，雅各的父亲老了，老眼昏花下不来床。临死之前，要给以扫按手，行长子祝福之礼的祷告。一天，父亲对以扫说："我儿你去打些猎物给我做成美食，我吃了之后，好为你行祝福礼。"以扫欢快地答应一声，跑出去打猎了。母亲偷听了这件事，忙把雅各叫来，叫他装扮成哥哥的样子，端着母亲做好的羊肉汤，进屋给他父亲喝。父亲老眼昏花，看不清面前的儿子是谁，就按手给雅各行了长子的祝福祷告。后来，以扫回来了，让父亲给他行长子祝福之礼。父亲一听大为震惊，原来是小儿子雅各骗取了长子祝福，而这个祝福之礼是不容修改的。哥哥以扫得知真相后，放声痛哭，扬言要杀了弟弟雅各。当晚，在母亲的帮助下，雅各逃出家园，开始亡命天涯。

旅途惆怅茫然，在荒凉的旷野中，太阳渐渐西沉，雅各找了一块石头垫在头下当枕头。谁知就是这块看起来似乎很普通的石头，却演绎出一段惊天动地的伟大历史。伟大的祭司，伟大的先知，伟大的君王，伟大的救主皆从这块石头上喷薄而出。

睡梦中，雅各梦见在他身旁有一架高高的梯子，直上天际，有许多天使上去下来，有一个声音从天上对他说：我是你祖亚伯拉罕的神，也是你父以撒的神，我要将你所躺卧之地赐给你和你的后裔，地上万族必因你的后裔得福，我也与你同在，你无论往哪里去，我必保佑你，领你回归这地，总不离弃你，直到我成全了向你所应许的。雅各惊醒了，说："上帝真在这里，我竟不知道。"接着又惧怕地说："这地方何等可畏，这不是别的，乃是神的殿，也是天的门。"雅各马上起来，把所枕的石头立作柱子，浇油在上边，他给那地方起名叫伯特利（就是神的殿之意），并对石发誓："如果神你是信实的，我必守住你与我立的约，以此石为证，从今往后，我就以你为我的神，一生在此侍奉你。"此石成为"契约之石"。

雅各历经千辛万苦来到母舅家，在此一待就是二十年。他舅舅拉班是个更诡诈的人，事事处处刁难雅各，但与雅各立约的神，又处处保护他。他离开母舅家时，已经有妻儿十六人之多，加上无数的牛羊，俨然是个富足的大家族。他舅舅拉班惧怕他，在野外，也与雅各立石为约，以石为界：将来无论发生什么事，都不能越过石界攻打对方。这也是后来国与国之间界碑的来源。

再后来，雅各回到那个梦见天梯的地方伯特利，神又向他显现，再次重申对他承诺的契约，并为雅各改名字，让他以后不要再叫雅各，要叫以色列。这就是以色列国名称的来源。

为此，雅各再次为石头浇油，以石为证，见证一个伟大的国度诞生。以色列既是一个人的名字，也是一个民族的名字，又是一个国家的名字，这在世界上也是绝无仅有的。一块普普通通的石头，居然有着如此奇特不凡的含义，成为一个伟大国家的奠基石。是的，将契约、诚信、法律、爱心铸就在奠基石中的民族与国家，一定是个强大的国家。

踏雪寻梅——

林桢武

林桢武

作家，书画艺术评论
家。现供职于潮州日报
社，潮州市作家协会
副主席，著有散文集
《拉罟集》《空谷跫
音》等。

　　一枚褐色的戈壁石，布满斑点，这些白色的圆点像是朵朵
梅花，又仿佛是纷纷飘落的雪花，取名为"踏雪寻梅"再合适
不过了。

　　对于我这个生长在南方的人来说，雪显得很陌生，也便对
雪有了更多的向往，那种铺天盖地的纯洁，总是呈现出一种苍
茫的意境。我们家乡从没下过雪，有一年在凤凰高山上下了一
场大雪，我查了史书记载，是百年一遇，等到人们跑到山上去
看时，雪早就化了个干净。我还专门写了一首诗，其中有句
"缘溪赤屋霜披瓦，漏夜寒街粉盖车"，写雪后景象，也大致
是想象而已。

　　雪的空灵、缥缈更多给艺术想象提供一种载体。宋代的苏
东坡被贬黄州的时候，写过一首著名的诗《黄山寒食诗》，这
个帖也被认为是千百年来难得的书法珍品。诗中同样写到了
雪，"卧闻海棠花，泥污燕支雪"，像胭脂一样的落花，在洁
白的雪上显得如此耀眼，但其中传达的也仅仅是一种凄美而
已。想想他当年被贬黄州，日子过得相当艰难，只好在城外山
坡上建了房子，以耕作度日，他东坡的名号也从此而来，他对

内蒙古戈壁石

这种处境大概也是颇为失落的。因为在大雪中盖的房，他把房子取名"雪堂"，又在四壁画满雪景，四顾无不皆雪，谁能知道他在这种大雪的营造中表达什么样的心境？是对生命空茫的体悟和灵魂的自我救赎吗？苏东坡是一位豁达的诗人，善于在精神层面上做自我修炼，一尘不染的雪当然是表达高洁出尘的最理想的寄托。

在历代诗家的作品中，雪和梅花也往往被当成同一类品格放置在一起，被视为孤高和圣洁。宋代诗人卢梅坡有一首诗《雪梅》，其中有"梅须逊雪三分白，雪却输梅一段香"，把梅和雪做比较，营造了一种洁白幽香的情景。唐代诗人张谓《早梅》有句"不知近水花先发，疑是经冬雪未销"，更是直接用白雪来比喻梅花。梅和雪已成为古今文人表现心灵的常用符号，被不断地渲染和演绎。

一块石头集梅花和白雪意象于一体，凝聚了富有文学色彩的内涵，给人以想象的空间，不能不说是自然赋予的大美，是梅，还是雪，已不重要，它们已经融为一体，给人以空灵的审美体验。它们甚至给人一种不确定性的错觉，而这种错觉正是艺术现所需要的。

一枚印章——

刘建湘

刘建湘

曾任《大众摄影》美术
编辑，《北京青年报》
编辑、记者。现为中国
国际海洋摄影协会北京
分会主席。

在我的记忆里，爸爸是个多才多艺的人，在爸爸的很多照片中，印象最深的是那几张穿戏装的。我刚记事的时候，爸爸就带我去过护国寺梅兰芳伯伯家，在梅伯伯家里看见过他们一起唱戏。后来妈妈跟我说，爸爸是去跟梅伯伯研究做菜的事。二十世纪五十年代爸爸因病在家里写书，写的是有关做菜的菜谱，书名叫作《家庭菜谱》。妈妈说那会儿《家庭菜谱》一书很畅销，当时《工人日报》还连载了爸爸写的菜谱，中央人民广播电台也定期转播了菜谱的内容。

记得有一次爸爸回来很晚，从口袋里拿出一个马粪纸小包放在书桌上就睡觉了。第二天早晨，姑姑来家里接我去玩，我的衣服上面有个扣子掉了，妈妈忙着为我钉扣子，爸爸去茅房还没有回来，姑姑闲来无事在爸爸的桌子上翻看，无意中打开了那个马粪纸小包，从里面翻出一枚黄色的石头印章来，乍看像是老色象牙，摸起来温润如玉。姑姑拿起印章仔细端详的时候，爸爸从茅房回来了，看到姑姑手里的印章，马上抢过去用马粪纸重新包好。

内蒙古戈壁石

　　我和姑姑出来后，我问姑姑那是什么印章，姑姑说她也没有看清楚，我们就去公园玩了。等我回到家里已经很晚了，我一进家门就跑到书桌前翻看，翻找了半天也没有找到那个马粪纸小包。过了很多天，爸爸不知道从哪里搞到了一个小锦盒，把那枚印章放了进去。我问爸爸那是什么印章，爸爸也不说话。我曾经背着爸爸找过几次，但都没有找到过，不知道爸爸把这枚印章藏到哪里了，慢慢地我也忘掉了这件事。

　　1966年爸爸去了干校，妈妈在前三门参加拆城墙时，头被倒塌的城砖砸了一下，我匆匆结束了串联，从长沙赶回北京照顾妈妈，因为去医院没有钱，妈妈从腰里解下钥匙，告诉我床铺底下有一个木头箱子，叫我从箱子里拿几本线装书去东四委托行换几个钱。我从床底下很深的地方拉出一个落满灰尘的木箱子，当我打开箱子的瞬间，一眼就看到了那个小锦盒。我打开锦盒看到的正是那枚黄色的石头印章，这时才真正看到了印章上几个曲里拐弯的篆字，但是由于那会儿识字有限，并不知道是什么字。

我从湖南回京后不久，认识了一个比我大很多的叫"亨利"的朋友，因为我没有兄弟姐妹，从小就是孤孤单单一个人，做梦都想有个哥哥或姐姐，所以我们一见如故。他懂的东西很多，又喜欢画画，这是姑姑回浙江美院后，最让我崇拜的人了，我把他当成大哥哥。有一天他来我家玩，我把印章拿出来给他看，问他印章上刻的是什么字。他仔细观看了半天，说这上面刻的是篆字，他问我这枚印章是哪来的，我说这枚印章是我爸爸的，他就没有再问别的。

转过年春节三十，亨利找我说带我去个朋友家玩，并且跟我说那个朋友是杂技团的团长，我想这个人肯定学问很大，就把印章带上准备让他帮我看看是什么字。这是一个瘦小的老人，他仔细观看了印章后说：这是梅兰芳印。晚上在老人的挽留下，我在他家吃了晚饭。那会儿我刚刚十六岁，从来没有喝过酒，是第一次真正跟大人在一起喝酒。我们一边吃一边喝一边聊，不知不觉就十点多了。

不知道是第一次喝酒，还是别的原因，我趴在桌子上不知不觉地睡着了。等我醒来的时候亨利他们还在聊，我看看表已经凌晨两点多了。我赶快穿上衣服骑车往家赶，由于走得匆匆忙忙，印章就放在了桌子上没有拿。因为种种原因，后来再也没有去过亨利朋友家。那会儿对印章的价值没有太深的了解，所以也没有把这件事放在心里。不久后我和亨利就分开了，我去了天津农村，亨利去了外地。

直到1974年爸爸回来探亲，问起这枚印章的去向，我支支吾吾地说不清楚，爸爸一下子就急了，这是我成人以后爸爸第一次跟我生气，尽管不像小时候那样用棍棒来教训我，但是我们之间的关系一直没有缓和过来。爸爸去世以后，妈妈跟我说那枚印章是梅伯伯送给爸爸的礼物，爸爸一直珍藏着，没想到让我给弄没了。对于这件事情爸爸一直耿耿于怀，这便成了我们父子之间不能融洽相处的矛盾之一。

天造地设韵无边

——

彭华

"不爱珠宝爱奇石",这是我的一点癖好。只因在天造地设韵无边的奇石中,我触摸到了沧海桑田的印记,看到了造化钟神秀的奇迹,结下了一段段奇缘。

少时,居住在西宁河畔,我喜欢一个人去江边转悠,一为蹚蹚清凉的河水、听听波涛的欢歌,看看连绵的青山;二是挑选看得顺眼的石头做小玩意儿。那时,没有什么鉴赏水平,只知道在河坝里翻捡些五颜六色的小石子,回家装在透明的玻璃瓶里,用水养了当万花筒般欣赏。长大以后,随着观察力的加强,就在有意无意中,发现那些貌似平淡的石头上,竟布满了谜一样的斑斓图案。虽然不曾读懂,凭着好奇心继续拾了一些契合心意的。

工作后,迁居到涪江边,仍陆续在周末去河边拾一些石头回家。直到有一次在涪江边捡到了一块似三寸金莲模样的石头,才顿觉沉默的石头蕴含了太多奇妙,只待我们用一双灵敏的眼、一颗善感的心去发现和感受。这块石头我为之命名为

彭华

资深报人,诗人、作家。现任四川省招生考试指导中心采编部副部长、《招生考试报》主编,先后被评为"四川省优秀新闻工作者""四川省十佳副刊编辑"。已出版个人诗文集《醒来的睡莲》《浮出水面》。

涪江石

"莲花足"。其很是奇特，鞋帮、鞋跟、鞋口线型条理清楚，整个鞋身均镶了莲花波纹，且图纹线条左右对称，所有见过它的人都赞叹造化的神奇。我不知道这块石头究竟跋涉了几千年的时空隧道，经过了多少岁月的日晒雨淋、大浪淘沙、鬼斧神工才成为一只漂亮的石鞋漂泊到这里，让我有幸拾到，缔结一段奇石缘。

"莲花足"的到来，令我拾趣石的兴趣与信心大增，去河边淘石也不再幼稚地以色取石，继而转化为以形状、意境等来综合判断一块石头的收藏与否。

涪江、长江、金沙江、黄河、白沫河、大渡河、北戴河、松花江、渤海、漓江……雾中山、瓦屋山、青城山、峨眉山、虎跳峡旁、珠峰脚下……凡我脚步所能到达的河畔山野，均留下了觅石的踪影。每次从外地归来，总是大包小包压得沉甸甸的，里面装的大都是用心拾回的自认为有特色的石头。家人笑我痴，旁人笑我傻，只有我自知收藏天地之精华是一件其乐无穷的事，故而痴心不改，我行我素，自得其乐。

作为一个无组织的业余独行淘石者，经过数年摸、淘、琢磨，我悟出：发掘趣石最重要的是要独具慧眼慧心，会读石纹。是否读懂石纹，决定着一块石头是顽石还是奇石的命运，因此是一件很难的事，不仅要运用你独特的审美视角，还得发挥你丰富的想象。有时，为了读懂一些石纹，往往抱着这块石头如考古学家般仔细琢磨，从正面、侧面，再到背面，又从左边旋到右边，或者上下颠倒来打量……一番番冥思苦想，会意会神，直到灵感涌起、慧心顿悟，犹如洞天石扉訇然中开，眼前的顽石拙岩，顷刻便化为艺术珍宝，令人欣喜若狂。正如悉达多说："这块石头是石头，它也是动物，也是神，也是佛，我敬重它和热爱它，并非因为它有朝一日会变成这个或那个，而是因为它早就是这一切，一直是这一切。"充满灵性的石头在你和美妙的自然间搭起了一座通灵的桥梁。

淘得趣石，还需缘分。就像人与人的相遇讲究缘分，遇到心仪的石头也讲究缘分天助。有年春节，我与父亲去河边游玩，面对涪江畔宽阔的石滩，我的淘石瘾又犯了。但出门前答应过父亲，这次只逛不捡石头。我知道老爸心疼我一个女子大过年的捡石头，河边冷，且石头扛起来很重，手与衣服都会弄得很脏。我边陪父亲漫走闲聊，眼睛却止不住往河滩逡巡，仍希望无意中淘到中意的石头。走着走着，我发现有一群鸟欢唱着从远处一个石堆飞起，冥冥中感觉那里有宝贝，遂向老爸恳求，过去看一下就回来。来到那个石堆中心，几乎不费什么时间，赫然看到一块椭圆形石头上有着一个自带金色佛光圈的如来佛半身像。我怔住了，有点儿不敢相信如此幸运，蹲在那里久久打量。老爸随后赶过来，看到佛像石，连连赞叹了好几句"太神奇了"，然后毫不犹豫帮我把石头搬起来就走。回到家中，如获至宝的我赶紧清洗石头。在清水的滋润下，佛像的轮廓更加清晰，颈上的佛珠、袈裟线也分明，细看令人叫绝的这竟是一尊三面佛：正面、左侧向、右侧向均是佛。而在此石背面，也清晰出现了一个草书的"吉"字，真令人喜出望外。吉佛石，就这样神奇地走进了我的生活，让我相信一切缘分都是可遇不可求的。

我淘到的一颗天然红心石，也有着令人感叹的经历。那年去白沫河淘石，顺手拍了张照片。第二年又去那里无意间就觅到了一块红色的心形石。第三年整理白沫河的照片时才偶然发现，原来这颗红心石第一年就与我同框，我们的缘分早就命中注定。

淘得趣石，还需有吃苦耐劳的精神。我家中上万块的藏石，均是自己脚踏实地，一块一块经年累月，积少成多聚集起来的。我是一个喜欢顺其自然的人，淘石头也不刻意去买各种利器，至多找一个结实的口袋，戴一双手套就出门。有时，连最基本的这两样也省了，若遇到喜爱之石，就用衣物包了徒手搬回。有时找一个好石滩不难，万里挑一寻找有趣的石头也不难，难的是，你兴致勃勃、忍饥挨饿淘得一大堆好看的石头，却没有力气将之搬走，这才是最要命的事。那个时候，你便会在倍受选择煎熬的同时懂得取舍的意义，也才明白为啥收藏石头的以男士居多。窃想，长此以往，淘石头势必要将不爱运动的我练成女汉子，这大概也是另一收获。如此淘石头，不仅考人的眼力、毅力，还考人的体力。

功夫不负有心人，随着我破译石纹密码效率的提高，我的藏石也渐渐丰富起来。古人云："山无石不奇，水无石不清，园无石不秀，室无石不雅。赏石清心，赏石怡人，赏石益智，赏石陶情，赏石长寿。"闲暇时，抚摸这些布满或山水、或花草、或人物、或动物、或文字等各种纹路的石头，感叹着大自然造化神奇的同时，回想着与这些石头结缘的一幕幕，自然之气扑面而来，山清水秀近了，烦杂喧嚣远了，心静下来仿佛听得见石头在诉说着久远的历练……

与石对话——

曾力

中国人对于石头，有一种独特的偏爱情结，以至于形成了"藏石"的文化传统。俗话说："园无石不秀，居无石不雅，人无石不贵。"这些话，都强调："中国人的日常生活中，要有石头相伴为宜！"

我对藏石的雅好已经有20余年。伴随着对石头类藏品收藏的丰富，也逐渐对"石文化"有了更为深入的体会和理解。其实，目前中国收藏市场的收藏级石头，大致可以分成五大类，并各有不同的收藏价值、鉴赏品位。

第一类是奇石收藏。至少从宋代开始，中国古人对自然界的原生态石材，开始拥有了独特的鉴赏和理解。以"瘦、漏、透、皱"为主要审美标准的赏石文化，逐渐赢得了中国古代士大夫阶层的偏爱。相传，北宋著名书法家米芾爱石如命。他甚至痴狂到曾对自己收藏的一块人形奇石作揖，称呼它为石兄。由此出发，我认为中国古人蓄藏雅石，关注的是奇石中所蕴藏着的人性。也因此故，收藏奇石就是重新在奇石中，审视自己的人性。收藏雅石就是在大自然中，重新发现美感，重新发现

曾力

中国古代文字艺术馆馆长、中国安阳市殷商文化研究会副会长、中国管理科学院产业发展中心文物艺术品量子科技鉴定所秘书长。

长岛球石

与奇石对话的乐趣。在这个过程中，人在寻找心仪的奇石，那些命中注定属于你的奇石也在找你……

第二类是玉石收藏。关于"玉"的理解，实际上是多种多样的。在中国文化传统中，古今对"玉"的定义也是不尽相同的。这里既有现在流行的、以中国新疆出产的和田玉为代表的"软玉"，也有以缅甸出产的翡翠为代表的"硬玉"。但是，在远古社会中，中国古人认为"美石为玉"，各种自然界中生长的美丽石头，都可以被认为是"玉"。因此，古代中国社会即便是对待那些硬度较低的叶蜡石、天河石、绿松石、天青石等，也都认为是美丽的"玉石"。自从西汉儒生董仲舒将"玉德"的概念植入汉代礼制秩序的佩玉系统后，"君子比德于玉"的文化理念，逐渐成为中国古人日常生活的时尚装饰标配。也就是说，收藏玉石就是积累自己的德行。

第三类是砚石收藏。从遥远的汉代至民国时期，两千余年间中国人的日常生活中，一直离不开砚台。而砚台的主要制作材质，就是"石砚"。曾几何时，各种各样造型设计的石砚，是多少文人雅士的书房最爱！但是，自从民国晚期，中国社会开始流行钢笔、圆珠笔、电脑、手机，那些过去人们日常生活中不可或缺的砚台，彻底地走出了中国人的实用品行列，转而成为一种怀古的老古董！我收藏历代石砚的初衷，也是在缅怀古人凝聚在石砚中的品性。

第四类是宝石收藏。应该说全世界热衷的"宝石文化"之美，与中国独有的"玉石文化"之韵，是有很大不同的！宝石文化重在宝石的晶莹通透、光彩夺目，而玉石文化讲究玉石的温润内敛、寓意祥瑞。因此，对这两者的鉴赏标准，是完全不同的。按照现在矿物学的定义，收藏级的宝石在"色泽、硬度、纯净、折光值"等矿物学衡量指标的要求，与衡量玉石"润、泽、温、仁、方"的道德衡量指标是不同的。仅仅低于摩氏硬度8度的宝石，很难进入珍稀宝石的收藏领域一项，就说明宝石与玉石的鉴赏标准，是完全不一样的。是否可以说，收藏宝石就是在汲取宝石中所蕴含的灵性呢？

第五类是陨石收藏。据考证，全球人类文明史上，始终都有崇尚典藏陨石的文化传统，陨石以及陨石制品也一直是世人公认的高端稀缺收藏品。我对陨石的典藏，可以用一首原创的、讴歌陨石的现代诗来表述："陨石伴着光明来到人间，带着遥远的宇宙深处，神秘的信息和能量。你是天的祝福，它是我的福报！"——在某种程度上，典藏陨石就是在提升自己的神性……

爱石记
——
徐迅

徐迅

中国作家协会会员、中
国散文学会副会长、北
京作协散文报告文学创
作委员会副主任。现任
中国煤矿文化艺术联合
会副主席、中国煤矿作
家协会常务副主席兼秘
书长。著有小说集《某
月某日寻访不遇》、
散文集《徐迅散文年
编》《半堵墙》《响水
在溪——名家散文自选
集》《在水底思想》、
长篇传记《张恨水传》
等18种。

第一次知道石头的神奇是在我的大姑家。大姑家在老家一个名叫朱家冲的地方，她家屋后靠了一座浅山，山上有一种石头。石头都不大，白白粉粉的，握在手里很暖和，可以捡着玩。我有好几位表姐，但我不记得是哪一位表姐开始带我捡石头。那石头在干涸的地上，特别是在水泥地上轻轻地一画，就有一条白痕，就像老师给我们板书用的白粉笔。我从没见过那种石头，一见就有些惊奇，就没来由地喜欢上了。

"美就是惊奇。"波德莱尔说。那时我还不知道波德莱尔的美，只想捡那石头，表姐带我捡了好多好多的石头，那些石头把我的衣袋撑得棱角分明，就像装了一袋从湖塘里摘下的菱角。在离开大姑家的日子，我就用那石头画田字，画日子，蹦蹦跳跳地跳房子，偶尔也在合适的地方，画几幅童趣横生的画……心里成天美滋滋的。

家乡北方的灵璧县有一种石头，叫灵璧石。那石头质地坚硬，或黑溜或麻虎，却又滑如凝脂。灵璧石窦穴玲珑，款曲委婉，极富有韵律，用手轻轻一敲就有清脆的声鸣，如石头在歌唱。那时我没有听过那首著名的《木鱼石的传说》，但却知道了"精美的石头"能唱歌。它不仅能唱歌，还能画画……多少

年以后，我知道这种能画画的石头，叫作滑石，又叫液石、脱石、冷石、番石、共石……是硅酸盐类矿物滑石族滑石的别称。这石头是矿石中最软的石头，还是一味中药，性甘淡。"苍藓千年粉绘传，坚贞一片色犹全。哪知忽遇非常用，不把分铢补上天。"唐代的一位诗人刘商为它写过颂诗。

那时，我刚好学过的神话里就有"女娲补天"的传说。听说远古的时候，天上有一大缺口，那女娲娘娘就用炼制的五彩石补天。小时候不知女娲娘娘补天的石头里有没有这种画石，现在依然还是不知道。我能知道的是这画石也很有讲究，有的浑身雪白，仿佛一捧白雪；有的麻黑相间，宛如小时候大姑做的麻切糖。形状各异，有的尖尖，有的方方正正，有的粉粉一团。表姐们说，那粉粉的画石叫作"糯米石"，糯米石性子软软的，不仅能画，若你有一双灵巧的手，还能雕刻出十二生肖和其他的虫鱼鸟怪……

但我没有长出一双灵巧的手。我们长大了。长大意味我们告别了童年，表姐们告别童年，我也告别了童年，告别好像就是一瞬间的事，告别了童年，我就很少到大姑家去了。再去，也像是走亲戚，我们学会了彬彬有礼，更不会跑到大姑家的屋后捡那画石疯玩了。

遗憾的是，虽然我自小玩过石头，但突然的告别，并没有使我养成对石头的情趣。后来，我知道了石头是有灵性的，知道石头能通神，知道"石遇有缘人"……也知道了"通灵宝玉"的石头记，成就了一部《红楼梦》，知道了"石痴"米芾拜石的故事，知道了"花能解语还多事，石不能言最可人"……知道了石头的神奇，不仅在于像，还在于思想。说石头像人，像兽，像花草虫鱼，像自然界的一切一切，这些在自然界都能够找到对应。这种像，使人浮想联翩，使人想到人，想到艺术，最后想到生命……它成就了我们人类的审美，满足了我们的想象。

曾有过一次亲身捡石头的经历。

那一年在长江宜宾的沙滩上，我和友人各自得到了一块石头。我的石头绿茵茵的，就像一块彩色的绘蛋，但那彩蛋上有人，两位古人背靠背，相背而坐，就像是唐代两位隐士密说着什么。朋友捡的一块石头像一只蚌壳，石头的水石纹理活灵活现，竟宛如毕加索笔下的人物画。尤其是那头发和那眼睛，极为传神，朋友欣喜不已。我把我得到的那块石头取名《推背图》，雪藏自珍；朋友说他那块石头依了毕加索的作品，就是《坐着的女人》。

细看这块石头的画面，便是毕加索的画风。那古典式的单纯线条，那匀称、永恒的和谐，那如同雕像的造型，简练却又芜杂。与毕加索的作品如出一辙，尤其是这石头上的人物，也有某种几何形的棱角和简化了的结构，如水泼面，却又保持了水面平衡。如不是亲眼看到这块石头出自长江，我一定疑心，这一块石头是毕加索的作品遗留在了长江。

画风几经变化，毕加索肯定想不到，在遥远的东方长江，还有如他超现实主义画风的石头。这样石头的存在，足以说明艺术没有国界，艺术便是永恒。

捡石头是一种经历，捡了这次石头，我不仅开始了对石头的喜爱，也对石头起了一种敬畏之心。但奇怪的是，我对石头保持的仍是小时候在大姑家所得到的神奇印象和记忆。想起石头，我就会想起我的大姑，我的童年。我觉得，石头是大地的一部分，是大地最为坚硬的一部分，它支撑了人类的生存和柔软，也支持了大自然的爱与神性。

尝试与一块石头对视——

陈戎

其实，准确的表述是，尝试与一块石头的照片对视。

一位跟我有多年友情的朋友藏石，我不是第一次观赏他的藏品，无论是照片还是实物。但突然出现这个念头，只有这一次。

《琅琊榜》里，梅宗主与穆小王爷对坐品武夷茶，小王爷说："这茶和我素日喝的有什么不同，我怎么喝不出来？"梅宗主回："有人爱茶就有人无感。"对于石头来说，我大约就是那无感的一类吧。

大学时去江苏一带采风，途经南京，曾盘桓两日，记得曾经在雨花台买过几块雨花石。花纹很是漂亮，但并没有照片上的那般晶莹剔透。不似玉，只是实实在在的石头。后来听说，好的雨花石是不可能在路边商铺摊位上买到的，要去寻。但既

陈戎

《北京日报》副刊部编辑，从事文学作品编辑工作三十余年。曾出任第二届鲁迅文学奖短篇小说奖初评委，编辑出版《2008年中国最佳中短篇小说》等书籍。

长江石

是无感，自然没有去细细寻访的念头，而且以一个二十世纪八十年代的穷学生来说，也根本没有玩儿这个的经济能力。那几块有着漂亮花纹的石头后来去了哪里，实在是想不起来了，既不是心头所好，自然也不会放在心上。

似我这样没有什么收藏癖好的，对于物，大抵是用者为上，也就是说，用得着的才会上心。倒也不是完全不曾对收藏起过念头，也曾有意无意地收过一两种，比如手帕，比如书签。至于没有投入进去，都是有原因的。

对于手帕，收藏的起因是喜欢图案或者色彩。开始收藏的时候，不过十来岁。有几元攒下的压岁钱，看到好看的手帕，便买了来。因为好看，所以不舍得用，于是便藏起来，偶尔拿出来，打开，再叠起，满足一点儿小女孩的小心思，如此而已。那个年代，好看的手帕并不多，陆陆续续藏了十来条以后，便没有什么值得收藏的了。再后来，漂亮的手帕多了起来，可心思已经没有了，于是十来条手帕就一直被一条旧丝巾包裹着，藏在衣柜的角落，久久地不曾打开。

而书签，却是因为种类太多了，反而让我没了兴趣。只是，留了一个习惯，看到特别别致的，还是会买下来，或许用或许不用，就这样随性着，完全不是收藏的路数。

还有旅行纪念章、笔记本，都是这样的，东一个西一个，有一搭没一搭，总之随性，与收藏没关系。

我有时候会想，藏石，那是要多么地爱啊，否则，就是一个"放哪儿"的念头就能愁死人，更惶论那奔走于荒山戈壁的辛劳，四方寻访的心力。再何况，他藏而不出，并不以此换得一文半分，只是一味地品鉴把玩，并乐在其中。

他在这石头中看到了什么？感受到了什么？

我没问，想来问也问不出个所以然。就比如，对牛弹琴，对于一个似我这样无感的人来说，即便是说了，我又真的能体会吗？

于是，我尝试着与一块石头的照片对视，只是想看看我到底能看到什么。

这是一块怒江石，大部分为黑色，散布着几条若隐若现的浅色条纹，右侧有半个手掌大小的一片形成了图案。浅米色的底子，黑色色块一大一小，大的似人的半身剪影，小的细直。朋友说，像不像是一个人在秉烛夜读？

倒是真的很像。仿佛寂静的夜中，望去，不远处一扇亮着光的窗上，读书人的影子映照其上，好一幅耕读时代的美图。此时，四外还应有数竿青竹，微微风过，有竹叶的沙沙声轻轻传来，更觉夜的幽静。不过，如果屋内点的是蜡烛，那蜡烛是无法将自身的影子映在窗上的吧？究竟是无感，出戏的可能分分钟都有。

其实，我能从这块石上看到或看不到什么，都不要紧。我知道，它的收藏者是能看到的。在他眼中，这石头是有生命的，它自数千里之外而来，携带着他能读懂的故事，所以他与它之间有着无感之人无法懂得的缘由。他因此而喜乐，这就已经足够了。

后石器时代的童年
——
甘周

甘周

甘肃张掖人，青年诗人，现供职于北京某机关报社。

马蹄河里的石头

没有水的时候，马蹄河里只有石头和骆驼刺。

马蹄河由南往北流经村西头，小时候我从来没想过也没机会去探究马蹄河的去向。六岁时跟父母到了外地，以后虽然时常回去，每次也都去马蹄河里玩，但不曾走太远。长大后来北京求学，接着工作、安家，一晃就二十年，由于种种原因，再也没有回过故乡。我童年的马蹄河与我天各一方，只能一次又一次在梦里回到它的怀抱。

花园村在马蹄河下游的平原上。站在村里任何一个地方，都可以望见祁连山。山在南边，绵延不断，望不见头，也看不到尾，最高的山顶终年覆盖着白色的积雪。

祁连山离这个小村子很远，村民去山里拉煤、拉木头，赶着牛

内
蒙
古
戈
壁
石

车，来回得走三四天。山里有一座黄教□□□□□□近闻名，寺里供着一块巨石，上面有一个"马蹄印"，传说是格萨尔王的战马所留，□一条河从马蹄寺附近的山谷里流出，这座寺院因此得名"马蹄寺"，这条河就被唤作"马蹄河"。

马蹄河的水是祁连山的冰雪融水。夏初天气渐热，马蹄寺周边山里的泉水陡涨，雪水和泉水全都汇集到马蹄河里。从祁连山北麓到河西走廊，落差很大，河水奔涌而下，裹挟山石，直冲向北部的平原地带。

我出生时，马蹄河上游已经修了水库，截断了河水，使下游的马蹄河成了一条旱河。只有到了水库泄洪的时候，下游才有水，有时很大，有时很小。发大水的时候，花园村与河对岸的村子就彻底中断了联系，我们家的亲戚很多都在对岸的几个村子里，那时谁家要有急事，也只能望洋兴叹。

有一年，发了一次大水，全村的人都跑去看。那是我第一次看到洪水，整个河道都被填满了，牛的尸体时起时伏，整棵的大树顺流而下，黄流滚滚，势不可挡。人们站在高高的坡地上，望着洪水，都不说话，脚下的地显得格外稳固，格外沉静。

以后，我再也没有见过那么大的洪水。

马蹄河从传说的时代一直"流"到现在，它持续把祁连山上的石头塞进马蹄河里。洪水将巨石碎成了大石头，又将大石头磨成了小石头。大石头，小石头，鹅卵石，砾石，还有细细的沙子，长年累月静静地躺在河床上，守望着河岸边的庄稼地和远处的村子。

这条没有水的旱河，是我童年的乐园。农忙的时节，大人们在岸边的田地里劳动，我和妹妹就到河滩里玩耍。我们翻开石头抓蝎虎和蚂蚱，有时候也会追兔子。兔子跑得飞快，我们一边追一边抛石头，却从来也没有击中过。白天，河滩上一直有羊群，牧羊人总能打到兔子。晚上，羊群回村，牧羊人扛着赶羊的长棍跟在后面，棍子一头吊着兔子，兔子就在他背上晃来晃去。我一直梦想有一天也能成为一个牧羊人。

戈壁滩上，卵石光滑，
仿佛母羊丰腴的乳房。
爷爷捡起一块石头，扔向远方，
群羊欣然聚拢，
于是地上有掉落的巨云。
入夜，风从祁连北麓吹向平原，
梳理着骆驼刺枯瘦的枝干，
犹如羌笛吹弯汉朝的月亮。

石头最大的用处是修渠

有石头的村子是有福的。

据说在南太平洋的复活节岛上，农民只有把石头铺在田地里才会长出庄稼。为了经营他们的庄稼，农民世世代代都要捡石头。

大西北普遍缺水，幸有祁连山，我们村的庄稼一年还能浇上几次水，夏秋两季，从祁连山上吹来的风每天随暮色一起降临，为地里的庄稼送来清凉，因此我们村里的人不用去捡石头来培育庄稼。然而，村里人同样离不开石头，马蹄河的石头与他们的生活息息相关。

石头最大的用处是修渠。

我们家新开垦了一块地，在村子最北头，紧挨着马蹄河。为了修一段引水渠，爷爷请了一个亲戚来帮忙。那时，爷爷已经老了，搬石头还行，体力眼力却不济了，所以只能打下手，砌石头的活全是亲戚和我妈干的。我看着他们铺好了渠面，把一块一块的石头砌了上去，整整一天才完工。干完活，爷爷和亲戚抽起了旱烟，那股呛人的烟味现在想起来似乎还能闻得到。

水是祁连山的馈赠，跟油一样珍贵，浇完一个村子的地，还有下一个村子等着。水库出来的水，如果没有一条坚固的水渠盛着，沿途就不断渗漏，还经常有人扒水偷水，估计还没流到下游的乡村就枯竭了。没有水是灾难，庄稼长不好，人畜也没法活。所以，修渠护渠的意义不言而喻。

从我记事起，修渠的工作就没有停过。灌溉季来临前，各家的劳力都要去修渠，把毁坏的渠段重新修好加固。我们村的人修水渠，都从马蹄河里采石头。村子东头还有一条河，也是从祁连山下来的，东河隔开了花园村和另一个叫毛城子的村子，毛城子的人修渠就采东河里的石头。不管分水，还是分石头，祁连山都是公平的。

用石头砌渠，是村里的壮劳力必须掌握的技能。

捡修渠的石头很有讲究，一般选的都是大石头，直径至少得三十厘米。采石头的工作很原始，几个壮劳力赶着牛车到河里去，一路走一路捡，近处的被人捡完了，就到远的地方去捡。反正走再远，也不会离开村子太远。我们村都是一个姓，可能因为村子小，好像从来没听大人说过石头不够用，如果不够的话，发一次大水就补齐了吧。

修渠就是把河里捡的石头沿着渠面砌起来。渠底用的石头与渠两边用的石头是不一样的：渠底用的石头更大，更方，渠两边的石头要小一些，扁一些。别看就是一块石头，到了修渠的行家那里，好像都变成了砖头，他们总有办法把它们砌得整整齐齐，一块石头挨着另一块石头，相连的地方都是最好的角度，砌好了再也抽不出来，除非从第一块石头开始搬。

不管是修一条新渠，还是补一段老渠，工艺都是一样的，石头砌整齐后，用河里挖的沙填缝。等到浇过一次水，石头之间的缝隙里很快就长出了青草，于是这段渠的质量得到了检验。

那些看上去五大三粗的人，两手长满了老茧，大都没有上过学，甚至不会写自己的名字。但是修渠的时候，他们却是地地道道的专家，如同他们种庄稼一样。

石头驮着我家的房子

爷爷年轻的时候，在外面遇上马步芳的军队抓壮丁，把他也抓走了。爷爷害怕横死在外面，就偷偷跑回家来。

其实，家里啥都没有，连住的地方都没有。我们家原来是地主，太爷爷抽大烟，败光了家业。爷爷吃了很多苦，四处打工谋生。那时候老家还有狼，马蹄河里的狼尤其多。我问他遇到狼怎么办，爷爷说，有石头啊，有石头就不怕狼。

村里人都会扔石头，捡起一块卵石，抡圆胳膊扔出去，腾地一下，几十米外的地方随即升起一股黄尘。这是他们从小就练就的本领。放羊的时候，赶着上百只羊到马蹄河里吃骆驼刺，遇到不听话瞎跑的羊，就得扔石头，把它赶回羊群里。爷爷放过羊，他扔石头有准头。

爷爷和奶奶的婚事在我们老家叫换女亲，就是他俩结婚的同时，我奶奶的哥哥娶了我爷爷的一个妹妹。家里没有房子住，爷爷就带着奶奶去外地打工，1949年以后才回到老家。回到村里，重新分了地，在夯土围成的院子里修房子。西北修房子都是用土砖，土砖是和泥用模具倒的，虽然很结实，但毕竟不是烧砖，没法做地基。要修房子，打地基只能用石头。

为修房子，爷爷在马蹄河里捡了几天石头。在石头砌的地基上，爷爷修了自家的房子。上房向南，一个主屋加一个套屋，主屋住着爷爷奶奶，套屋是粮仓，堆着家里所有的粮食。上房对面还有两间房，一间是给我父亲结婚准备的，另一间是厨房。

我出生在亲戚家里，过了满月才来到这个家。地基上的石头经年累月驮着我们家的房子，裸露在外面的石头都是黑色的，家里人进进出出，墙角的几块石头被磨得油亮油亮的，太阳一照都能发光。

有一年地震，我们家的夯土院墙裂开一个大缝，补救的办法是塞石头。塞了好多石头进去，才把那条缝填满。毕竟是石头砌补的，坚固是坚固，但与两边的土墙比，还是不够美观。日子久了，石头缝里长出青草，还冒出一棵枸杞来，每年都能结一些红红的枸杞子。慢慢地，大家也都习惯了院墙上这条不完美的墙缝。有一次，邻居家的孩子看到一条蛇钻进石头缝里，特意跑来相告，结果有很长一段时间，奶奶都不让我靠近那条墙缝。

很多年后，我陪爷爷去给奶奶扫墓。老家的坟都有墓门，所谓墓门，就是三块石头，两块作柱，一块作梁。墓门嵌在奶奶的坟堆里，经过风吹雨淋，似乎已经与坟土合为一体，四面都是野草，有的正开着花，是老家常见的野花。

奶奶的坟也在马蹄河边上。

后石器时代的终结

我三岁的时候，爷爷得了一场大病，医生说该准备后事了，于是家里急忙请人给他做了一口松木棺材。棺材做好后，爷爷的病竟然痊愈了，那口棺材只好一直放在厨房里。

厨房的一边是棺材，一边是灶台，棺材和灶台中间是奶奶的石磨。做石磨的石头不知道是从哪里找的，磨盘石质地坚硬，颜色泛白，有点像花岗岩。这种石头除了做磨盘，还用来做碾子。我们家院门外的麦场上有间小房子，里面有碾子，碾子是用来碾米的。打场，就是给小麦脱粒，用的石磙子也是这种石头。

厨房里还有一些工具是石头做的。比如蒜臼子，是一块圆柱形的石头，中间掏了一个深窝窝，捣槌也是石头，是一根天然的条石，黑色的，粗细刚好盈握。蒜臼子除了捣蒜，还用来捣花椒和辣椒。

厨房让爷爷的棺材和灶台占掉大半空间，竟然还能容下一头拉磨的毛驴。豌豆要磨成碎渣才能喂牲口，否则不利于消化。我们家没有驴，拉磨的驴是从别人家借的。磨豆子的时候，奶奶会给驴嘴套一个口袋，防止它偷吃。

石磨、碾子、石碴子、蒜臼子，都是石匠做的，干石匠活的都是远近的农民。我隐约记得我们村也有会这门手艺的，我们家的这些工具，说不定就是他做的。

爷爷会编筐，给牲口添草的筐、捡牛粪的筐、囤粮食的大箩筐、奶奶存鸡蛋的小筐，所有家里用的筐都是他编的，炕上铺的席子也是他编的。不管编什么，用的都是芨芨草，把芨芨草晾干，再用水沤。沤芨芨草，是用几块大石头压住草，往草上喷水。沤软的芨芨草韧性很好，不易断。编制的时候，先把芨芨草拧成拇指粗的绳子，接着再一圈一圈地编。每编一圈都要敲打压实，爷爷不用锤子，而是用石头，他把木棍压在草绳上，然后用石头敲。干这个活计似乎要费很大的力气，每敲一下，他都要嗨一声。做草编用的石头都是马蹄河里捡的，大小形状各异，怎么用只有爷爷知道。

谁也没有料到，给爷爷准备的棺材竟让奶奶睡了。

爷爷生命中最后的两年是在城里过的。最初，我和爷爷睡一屋，夜里他时常做梦，不停地说梦话，有时还会突然大嗨一声，常常把我惊醒。由于我要准备高考，我妈怕爷爷说梦话影响到我，就让我搬另一间屋里去睡觉。

爷爷咽气的时候，也是大嗨了一声。

石头记

吴重生

我一直对石头怀有深深的敬畏之心，因为它来自远古，历史悠久；因为它品质坚固，水火难侵；因为它身世迷离，给人以无限的遐想。

眼前这块"鸿运当头石"，也许来自戈壁滩，也许来自更遥远的荒漠。此刻，它经历千辛万苦，辗转无数人的手，来到我的面前。我看着它，抚摸它，心想：这是一种怎样的缘分？

石头静默无语，一如它数千年乃至上万年来的深沉。不知何故，面对这一块碗口大的石头，我突然感到自己的渺小，准确地说，是人类的渺小。石头的上方有红色的纹理，谈不上华美，但内敛而端庄。收藏家说，这是地地道道的"鸿运当头石"。多么美好的寓意！中国人发明这种美好的寓意，应该有几千年了吧！我没有考证过。我不是地质学家，不会从矿物质的分子结构来分辨这石头的学名。但，我相信，这石头是有灵性的。虽然我们之间的缘分，也许仅仅是看上一眼，或者就这样相向而坐几个小时。然而，相比于人类短暂的生命来说，它岂不是昭示着一种永恒？

吴重生

中国作家协会会员，浙江日报报业集团北京分社社长，九届浙江省作协全委会委员。

内蒙古戈壁石

　　石头是文化的载体。记得女儿读小学时，我们一家人筹划暑假出行计划，我提出要去河南洛阳的洛河上走一走。我的提议得到了家人的赞同。洛河是中国文化史上一条著名的河流，一直流淌在我的向往里。见证了无数历史风云的古都洛阳因位于洛河以北而得名。到达洛阳之后，我们直奔洛河，一家三口赤着脚，提着鞋，在洛河的河滩上玩了一整天。我们边玩，边捡石头。那些经过河水冲刷而变得溜光圆滑的石头纷纷钻进了我们随身携带的背包。在捡石头的过程中，我给孩子讲了关于"河图"和"洛书"的传说故事，讲周天子、曹操和武则天的人生际遇，孩子听得津津有味。当晚，回到入住的宾馆后，一家人检视一天来的战利品：满满的一背包石头，仿佛面对一大群好朋友。我们商议着哪块石头可以放在爸爸的画室当镇纸，哪块石头可以让女儿抽空画上一双眼睛，去参加学校组织的劳技课比赛，等等。我们的讨论是热烈的，心情是愉悦的。而那一堆摆放在宾馆房间桌上的石头，仿佛也在注视着我们，成了我们最忠实的听众。

　　石头是励志的榜样。十五年前，我应邀参加浙江作家采风团赴新疆采风。团长是时任浙江省作协主席黄亚洲，顾问是时任浙江省军区副政委陶正明将军。茫茫的黄沙戈壁，撩拨了我的思古之情；高原上惊鸿一瞥的湛蓝湖水，引发了我辽阔的想象；战胜雪崩和泥石流，成功登上"雪山之父"慕士塔格山等经历，激发了我澎湃的诗情。在作家同行的鼓励下，我在途中写了一百多首诗，结集出版了诗集《穿越冰达坂》。而最难忘怀的是，我在天山上捡了一块石头，黑黝黝的，像极了一座微缩版的直插云霄的山峰。这座"山峰"至今还"耸立"在我杭州的书房里。一见到它，我就想起战胜雪崩和泥石流的往事，心中顿生豪迈之情。多年后，偶遇陶正明将军，他还问候我："你的诗和石头还好吗？"

　　石头是亲情的见证。最近一次与石头的亲密接触是去年暑假，我们一家去台湾旅游。台湾朋友丽娜姐带我们参观九份渔村，途经一片海难，我们便去海滩上玩水。对其他人来说是玩水，但对我来说是"玩石"。我捡了很多青黑色的长条形的石头，因为长期浸泡在水里，受到海水的冲击，这些石头全然没有了棱角。拿在手中，沉甸甸的。因为行李太多，最终忍痛割爱，只带回来一块。如今，这块青色的海滩石，就静静地在书桌的一隅陪伴着我。看到它，我就想起一家人共游宝岛台湾那段美好的日子，想起海峡对岸的老乡，颇有"山远天高烟水寒，相思枫叶丹"之慨。

　　有一年中秋节，陪家父去磐安尖山镇旅游。见山崖上怪石嶙峋，无草无木之处，石头缝里猛地长出一株松树来，游客纷纷驻足观看，引以为奇。其实像这样石头缝里的生命奇迹，在各地并不鲜见。有机物和无机物，石头和树，成长中的生命与静止的时间，仿佛在告诉我们"道法自然"的奥秘。

　　当我把目光再次投向眼前这一块顶部带有红色纹理的石头，有一种视通万里，思接千载之感。我在心里一遍又一遍地默念：阅人无数的石头啊，请佑护所有与你相逢的人吧！愿你一生志如磐石，日日鸿运当头！

爱是一束花
——

车军

车军

1964年9月进入航空工业集团一家企业，二十世纪八十年代开始写作，《北京日报》《中国教育报》《中学生》等报、刊专栏作家。

　　我爱石，这爱源于何时，说不清楚。兴许是年轻时读《红楼梦》，沉醉在那大荒山无稽崖青埂峰下娲皇丢弃的顽石上，以及它又缩成扇坠一般的玉石坠于贾宝玉项下；抑或少年时学画水墨丹青，钟情于点缀在水榭池塘边美丽的太湖石，尤其画到古代园林，每每心想如果香园水塘少了那些丑、漏、透的太湖石，则会逊色许多；又也许心血来潮研习书法，铺纸磨墨总是忆起那旷日持久的端砚、歙砚"谁为冠"之争，终是在古人评说"端石如艳妇千娇百媚，歙石如寒士聪俊清癯"中得到要领方肯罢休。

　　但我不玩石。因职因资因家事所限，我虽知湖北、湖南、安徽、青海等水域滩涂是奇石的集中地，却无缘前往以一观一藏，只是至中年后，处心积虑积攒了石、茶、扇等分门别类的

内蒙古戈壁石

剪报各有厚厚一本，闲时细读，如物在手，也是一种享受。而在书柜里，则摆满了不是奇石的石头块儿，那只是一种旅游纪念。比如雨花台上没人要的雨花石，长岛铺天盖地雪白剔透的鹅卵石，柬埔寨吞噬在原始森林里女王宫路边的红砂石，韩国釜山惊涛拍岸的老龙头的黑礁石。摆放在书柜里，每一块石头权当是我倾尽热情写进的旅途随想，自然也会代表着一重深意。四十多岁时，我还曾以每月几百元的收入资本在路边花一百元买过挑担人的一爿袖珍小磨盘，只有奶锅大小，我却倾心于那刀刀斧斧敲凿的细碎痕迹。虽然它既不能磨豆，也不能碾米。

　　也总算老天不负我对石的一种牵挂，二十年前，在泉州的公园里让我偶遇一个奇石展，方大开眼界。那些石头奇纹万千，形态各异，赤橙黄绿青蓝紫随意组合着，天生丽质！我不住地惊叹万千世界竟可微缩于一石之间，又惊呼世间一切由色彩与造型组合的物体，由人类智慧所创造的符号与意境，居然能全部收进大自然的石谱档案中。联想起几十年于恬静中与我那些石头块儿的默默对视，此时终对名人大儒们所说的"石中有万古苍寰，石中有千秋岁月，石中有六合乾坤，石中有碧落千畴"慢慢开始理解。

友人圈子里，说起石头我就够五迷三道的了，但偶尔也听说我那几个比较高端的玩石朋友，常几近走火入魔，他们的脚步每时每刻都在丈量着祖国的秀美河川，在搜在验在淘在捡。就在前几天，一位石痴老友发给我一张石头图片。细观那奇石，外形宛如半柄如意，在占有三分之一的上端"心窝"处，包着七瓣颜色各异、如玉石般玲珑剔透的花瓣。我惊异这石是经历了几世修炼、饱吸了大千世界多少珍爱才定型于今日模样！更难得老友为它命名"爱是一束花"。

乍一见这个命名，我心倏然卷起阵阵波浪，难以平静。一段如诉如泣如歌的往事像视频般在眼前流转着，且越来越清晰。

1997年春节刚过，比我小六岁的大妹妹被查出乳腺癌。纵览我这个当时仅有42岁妹妹的半生，就是一个倒霉蛋：小时家里不富裕，她连个新花衣都没有穿过；工作了，搞建筑，整天泥一身土一身；结婚有了孩子，又为住房奔波了十几年，其中辛酸难以备述。刚消停一点儿，又得了乳腺癌。在医院，支走年迈的父母，她对着我泪如雨下。此情此景，如果真有老天爷，我真想大声呵斥他的不公！

第二天，是她做手术的日子，把她推进手术室后，我就跑到街上去买花。冰天雪地里，找了好几条巷子，才在一个小角落里买了一把鲜花。踏雪归来时，我在心里说，妹，你要像这束鲜花，独傲霜雪，顽强地挺过鬼门关！就在等着她醒来的病床边，我写了一篇小文《爱是一束花》，后来寄给了《北京日报》。

那年的春天似乎来得格外早，柳丝早早吐绿了。大妹的手术很成功，已经能满屋子走动，同年3月7日我的小文也见报了，我自然是欣喜异常，日子又渐渐归于平静。

　　没想到两个星期后，一个振奋人心的消息传来，文坛巨擘汪曾祺、邵燕祥、林斤澜三位前辈看到我的小文后，言辞恳切地给了我这个素不相识的普通女工三篇勉励三番叮嘱的文章，登在日报上占了半个版的篇幅。拿到那天的报纸，我的泪水止不住夺眶而出，那真切的关怀，那殷殷垂询一下子笼罩了我，震撼了我的心灵。汪老在文中说："我看报很少流泪，这次眼睛湿了……"还说："读了这样的散文（应该说是一篇散文了），会使人恺悌之情，油然而生，谢谢你，车军！"

　　后来这段佳话就在我的同事和朋友中，以至在社会上、在文坛中，都成了温馨的话题和亲切的回忆，成了生活中平息不了的波纹……

　　《北京日报》一位老编辑曾这样写过汪老："读其文字，精善秀美，情为所寄；观其为人，随和大方，善恶分明。虽不能以'昆仑'喻之，但须仰视可见，是确实的。"然而，他老人家在我心里就是昆仑，是文坛可与天公比高、可以雕塑巨像的巍巍昆仑。

　　我忽然想告诉那位石痴老友，你的奇石"爱是一束花"必定是采自昆仑之身，它或已走遍天涯，或已久观世间万象，最终它也必将石逢知己，因为，石也懂爱，石也有爱。

石之道——

北方

北方

心时空品牌文化工作室创始人，致力于中国北方丝绸文化的传播与弘扬。曾出版随笔《我的北方》。

　　略懂一点儿自然地理的人都知道，从石头的成因来看，所有的石头都经历了亿万年不可计数的重生和质变。无论是构成崇山峻岭的巨岩还是峡谷深壑中的冰川石，无论是价值连城的宝石还是粗砺平凡的石块，都铭刻着天地初开、辰宿列张、冰火恣肆、江海横流的波澜壮阔的地球运动史和自然的造化变迁。所以，每一块石头都是奇迹。

　　一块石头的形成，犹如修禅经历的六个历程：布施、持戒、忍辱、精进、禅定、般若（智慧）。石之布施，任其熔岩舍身，无怨无艾；石之忍辱，任其千钧压力，坦然承受；石之持戒，任其骤雨疾风，不改本色；石之精进，任其千凿万琢，勇于承担；石之禅定，任其粉身碎骨，熔融重生；石之般若（智慧），任其斗转星移，毫不动摇。这是以文化视角看待一块石头。

　　人类最初的历史以旧石器、新石器时代命名，便足以说明石头和人类的亲密关系了。我之陋见：爱石情结，多半是人类童年集体无意识的灵光重现，所谓奇石，不仅在于形、色、结

内蒙古戈壁石

构、纹理之奇，更奇在仁者见仁，智者见智，是赏石者内心的投射和写照。

　　朋友是一位爱石者，所藏石头，看似平淡无奇，实则形色如画似景，清雅，虚静，颇具道气，和朋友的气质极其契合。朋友有奇石一块，初看，有熔蚀痕迹，有色金属离子在石头表面流淌出写意线条，如山谷涧流，仍有余声回绕。再细看，似有衣带飘举之人，肃然远眺。有人说如孔子临水，终大彻大悟；有人见如庄子逍遥，相忘于江湖；有人叹有屈子之忧，美人迟暮；有人观有禅者襟怀，了无挂碍。观者多情，看来是把自然造化的石头当成艺术作品赏鉴，赏石本身成了创造意象、营造意境的审美历程。

　　"奇石含天地，趣雅意天成。"明明是熔岩奔流，遇海水冷凝成画，冰火之歌，自然造化，非要以某一文化模式赏石，或以文化附加，点石成金反倒石趣寡味，意境浅陋。古之赏石之人如白居易、苏东坡、米芾，皆大学问家，他们赏石皆因兴趣所然，并不贴上文化标签。白居易把奇石当成朋友，苏东坡爱奇石不忍分离。他们把所爱之石人格化、情感化了。此皆真性情，不造作，反而与石通心，见天地本来面目，亦明心见性。

朋友的这块奇石，何奇之有呢？让我们回到它的本源，照见它真实的面目。

这是一块冰川石的碎片，它曾在极限的压力和温度下轰轰烈烈道成石身，经过冰川洪荒之力的挟裹，在巨浪翻腾的碰撞中粉身碎骨，水落石出后在沟壑或山谷悄然隐世，风蚀之，水磨之，土埋之，清净无为，最终与朋友相遇。

奇在初见已逾亿年，奇在累累伤痕竟成写意画面。在最柔软的时空里，风骨犹存，任人赏鉴。地质学告诉我们岩石的形成和转换是循环式的，无数次熔融再生犹如轮回，石头是会变质的。所以岩石的种类成百上千，它们的特质千奇百怪，能以此副容颜相见就是奇迹了。

所谓奇者，皆为自然的奇迹，石之道为自然之道。赏石而悟自然之道，道法自然，敬畏自然才是人石合一、物我两忘的境界。这也应了陆游的话"石不能言最可人"！

苏武牧羊

宗春启

苏武牧羊的故事许多人都知道：苏武，是汉朝的一位大臣。公元前100年，他奉汉武帝之命出使匈奴。

匈奴，也称"胡"，是北方游牧民族的总称。秦汉时期，冒顿单于统一了匈奴各部落，势力强大起来，不断南下袭扰中原地区。汉武帝多次派军队进军漠北，给了匈奴很大打击。

公元前100年，匈奴新单于即位。汉武帝为了改善与匈奴的关系，派遣苏武率领一百多人、带了许多财物出使匈奴。就在苏武完成使命准备回朝复命时，匈奴上层发生内乱，苏武一行人受到牵连，被扣留下来。单于要求他背叛汉朝，投降匈奴，《汉书》上说，匈奴"百般胁诱，武终不屈"。而他越是不屈，单于越要让他投降，把他关在大窖中，不给饮食。苏武"渴饮雪，饥吞毡"，硬是活了下来。于是匈奴人让他到北海——今天的贝加尔湖畔去放羊，而所放的羊全部是公羊，说：什么时候公羊产下羊羔了，就放你回汉朝。

据史书记载，在荒无人烟的北海之畔，苏武一边牧羊，一

宗春启

《北京日报》高级编辑，资深报人。曾任北京市新闻工作者协会常务副主席。主要研究方向是北京文化、风俗掌故、红学。

内蒙古戈壁石

边掘野鼠洞，靠着吃野鼠储存的草籽以维持生命，而象征着他汉使身份的节杖却从不离身，直到节杖上的旄都掉光了。

19年后，汉朝和匈奴的关系终于得到改善，苏武才被释放回到汉朝。苏武，最终成为坚贞不屈的象征被后人传颂。"苏武留胡节不辱。雪地又冰天，穷愁十九年。渴饮雪，饥吞毡，牧羊北海边。心存汉社稷，旄落犹未还。历尽难中难，心如铁石坚……"

然而我们现在要说的，却是一块石头，一块被它的收藏者命名为"苏武牧羊"的石头。这块石头因产自戈壁，可称其为戈壁石。

石之可玩者，或在纹理，如大理石、雨花石之类，内藏天然画图；或在质地，如玛瑙、和田玉之类，外表细腻温润；或在外形，如太湖石，以漏透瘦皱为珍稀。今人则喜欢收藏奇石，凡是天然形成，纹理或形状奇特，或颜色质地具有观赏性的石头，均可称为奇石。而许多奇石便产自戈壁，最为著名者如《小鸡出壳》、极似老妇人的

《岁月》等。于是有人专门搜集戈壁石。

　　戈壁石，又被称为风棱石、大漠石，因产于沙漠戈壁地区而得名。其实戈壁石亦非一种，因为是火成岩——由火山喷发而成，故成分不同，颜色、质地亦不同。按颜色分，有乳白、粉红、黑色、褐色等；按质地分，有玉髓、玛瑙、石英、碧玉、蛋白石等。

　　这块被命名为"苏武牧羊"的戈壁石是一块玉髓，颜色为浅黄褐色，有20厘米高。它是一块典型的火成岩，经过烈日风沙的打磨，故而保留着初始的粗糙。其实，粗糙也是一种美，一种原生态的美。

　　这块戈壁石的珍奇之处，不在于它的颜色质地而在于它的形状：极似一个人怀里抱着一头绵羊。诚然，那个"人"的五官有些模糊，身体的轮廓也不十分清晰。而"模糊之美"，也正是戈壁石的一大特点，有如中国画的大写意，美在似与不似之间。太似真实，那它极有可能是被人动过手脚的；丝毫不似，则又名不副实。而这块"苏武牧羊"，一经收藏者点题，就会让你觉得越看越像，尤其是"苏武"怀里的那头绵羊，可以说"头是头、脚是脚"，十分鲜明。于是"苏武"那模糊的五官、囫囵的轮廓，也有了合理的解释：那是人在沙暴之中。在那"黄沙直上白云间"的恶劣天气里，沙飞石走，草摧木折。孤独一人牧羊北海边的苏武，无遮无挡，无处藏身，只好怀抱一只大绵羊闭目俯首听天由命。没有到过大西北、没有经历过沙暴天气之人，很难想象牧羊人彼时的艰辛。

　　其实，这块被命名为"苏武牧羊"的戈壁石，年龄不知要比两千一百多年前的苏武大多少倍。但是没关系，人们在欣赏这块石头的时候，只要能联想到苏武的故事，这便足够能体现它的美学价值了。

宋元山水在石也在胸

——

刘火

刘火

本名刘大桥，中国作家协会会员，四川省文艺评论家协会顾问。文学评论获过四川省文学奖、巴蜀文艺奖。

近日石友从微信传来他收藏的一枚奇石的照片，并着重强调它来自长江。长江与我咫尺之遥，我每天晨走的步道，就是万里长江第一城的长江公园的亲水步道。我虽不藏石，却有几个藏石的好友。于是，不由自主地想到了我的同乡郝翊军。

郝翊军只收长江石，而且在石界颇有些名气。2018年的一个雨雪交加的下午，我来到了郝翊军的藏石地，这里已经不像两年前来时那般的喧嚣。只有石头还是那样地华美与沉稳，卓尔不群。

几年前，我经常打击这石头的主人，说，这些石头是人炒出来的，别看那些几万元、几十万元，甚至上百万元的奇石，不过就是有价无市的自我欣赏和相互捧场。当时，这些石头的主人就跟我说，你不懂。好的石头对于石头的主人来讲，主要是拿来欣赏的，不是拿来交易的。当主人给我介绍他的这些石头的来历，把他最好的石头从博古架上端下来让我仔细观摩时，当我用手去触摸这些石头时，我发现，这些石头并不像天气这般的冷，似乎

与它的主人那样，极有温度地讲述着这些石头的奇迹与韵味。

郝氏所藏石头，都来自长江和长江上游的重要支流岷江、金沙江。无论是从其他石友手里买的，还是郝氏远足乐山、泸州、水富等地寻的，都有他的一个标准。那就是，石面上的纹饰侧重于山水。当讲到这些山水时，郝氏极隆重地向我推荐他的"宋元山水"（此石入选《中国石谱》，并多次参展获金奖）。我不知道，郝氏是否知道宋元山水在中国画里的地位、意义和它的主要画家与画作，但这枚石头，真是集董源、范宽、马远、夏珪、黄公望、倪瓒诸家之精髓，且混然天成。而且从它的不同侧面到细部，我们都能看到宋元山水画大家的笔意和墨韵。倘若这枚奇石，以套色石印的方式印在纸上，我甚至觉得，这是否就是宋元诸家的复活。重要的是，它是石头，它是长江奇石，它为天工所造，而非人为。

郝氏有长江石600枚左右。我建议，可否专门做一小型的奇石馆。除了将奇石文化当作一件事来做之外，更重要的是这样既可乐己，也可乐人。郝氏谦虚地说道，人家的好石头多着呢，我不算什么。不过，一待郝氏介绍起他的石头来，那便是信心满满的了。我边看，他边说。他边说，我边看。这枚叫"雨过天晴"、这枚叫"溪声禅语"、这枚叫"梅花飘雪"、这枚叫"日出岱宗"、这枚叫"大岳秋彤"、这枚叫"万木葱茏"、这枚叫"云天雾海"、这枚叫"帆影点点"……石头的主人，介绍起他的石头来，就如在背宋元山水的场景与意境。于我来讲，如游历于宋元山水画的专业博物馆之中。

当我离开郝氏三壁长江石的藏石厅时，我才发现，一个事业有成的汉子，心中竟然还装有古意、装有山水、装有为中国画转折意义且山水画顶峰的宋元山水，并将宋元山水画的意境赋予他的长江石。从郝氏的长江奇石中，我看到了宋元山水在郝氏的长江石里复活！